Angels

Words & Music by Robbie Williams & Guy Chambers

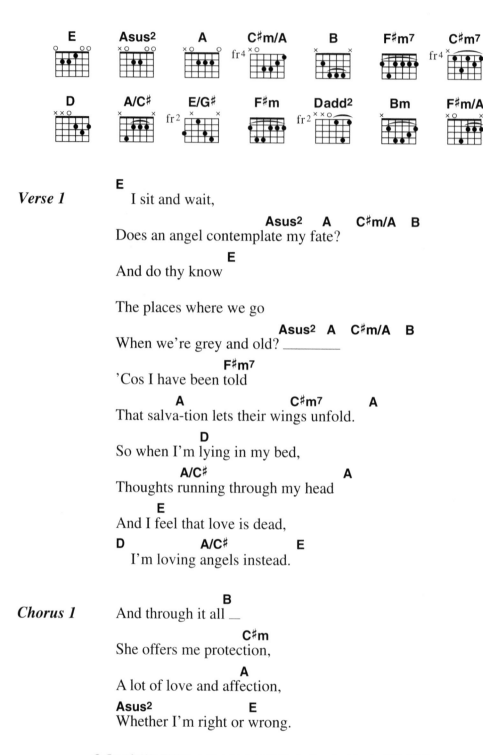

Verse 1

      E
I sit and wait,

           Asus2 **A** **C#m/A** **B**
Does an angel contemplate my fate?

           E
And do thy know

The places where we go

           Asus2 **A** **C#m/A** **B**
When we're grey and old? _____

     F#m7
'Cos I have been told

      A   **C#m7**   **A**
That salva-tion lets their wings unfold.

        D
So when I'm lying in my bed,

        A/C#   **A**
Thoughts running through my head

       E
And I feel that love is dead,

D   **A/C#**   **E**
  I'm loving angels instead.

Chorus 1

            B
And through it all —

          C#m
She offers me protection,

          A
A lot of love and affection,

Asus2   **E**
Whether I'm right or wrong.

cont.

                  B
And down the waterfall, —

             C♯m
Wherever it may take me,

                   A
I know that life won't break me,

Asus2   **E/G♯**
When I come to call.

             F♯m
She won't forsake me,

Dadd2   **A/C♯**   **E**
   I'm loving angels instead.

Verse 2

  (E)
When I'm feeling weak,

                       Asus2   **A** **C♯m/A** **B**
And my pain walks down a one way street,

        E
I look above

                        Asus2   **A** **C♯m/A** **B**
And I know I'll always be blessed   with love.

    D
And as the feeling grows,

          A/C♯   **A**
She brings flesh to my bones,

     E
And when love is dead,

Dadd2   **A/C♯**   **E**
   I'm loving angels instead.

Chorus 2   As Chorus 1

Slide solo   ‖: **Bm** | **F♯m/A** | **E** | **E**   :‖   *Play 3 times*

                  | **Bm** | **F♯m/A** | **E/G♯** ‖

Chorus 3   As Chorus 1

Baby Can I Hold You?

Words & Music by Tracy Chapman

C   G7sus4   G   Dm9   Fmaj7   Dm7   F   C/E

Intro | C | G7sus4 G | C | G7sus4 G ||

Verse 1

C   G7sus4 G   Dm9
Sorry is all that you can't say.

G7sus4   G   C
Years gone by and still

G7sus4   G   Dm9
Words don't come easily

Fmaj7   G
Like sorry, like sorry.

Verse 2

C   G7sus4 G   Dm9
Forgive me is all that you can't say.

G7sus4   G   C
Years gone by and still

G7sus4   G   Dm9
Words don't come easily

Fmaj7   G
Like forgive me, forgive me.

Chorus 1

C
But you can say "Baby,

Dm7   F   C
Baby can I hold you tonight?

Dm7   F   Am
Baby if I told you the right words,

G
Ooh, at the right time

C
You'd be mine."

| *Link* | | Dm   C/E   F   G   ‖ |

Verse 3

C   G⁷sus⁴ G   Dm⁹
"I love you" is all that you can't say

G⁷sus⁴   G   C
Years gone by and still

G⁷sus⁴   G   Dm⁹
Words don't come easily

         Fmaj⁷   G
Like "I love you, I love you."

Chorus 2   As Chorus 1

Chorus 3

Dm⁷   F   C
"Baby can I hold you tonight?

Dm⁷   F   Am
Baby, if I told you the right words,

          G
Ooh, at the right time

         C
You'd be mine".

C   Dm⁷ F
(Baby, if I told you, baby can I hold you?)

                                C
Coda   you'd be mine

C   Dm⁷ F
(Baby, if I told you, baby can I hold you?)

                             C
you'd be mine

C   Dm⁷
(Baby, if I told you)

F   C
Baby, can I hold you?

Blackbird

Words & Music by John Lennon & Paul McCartney

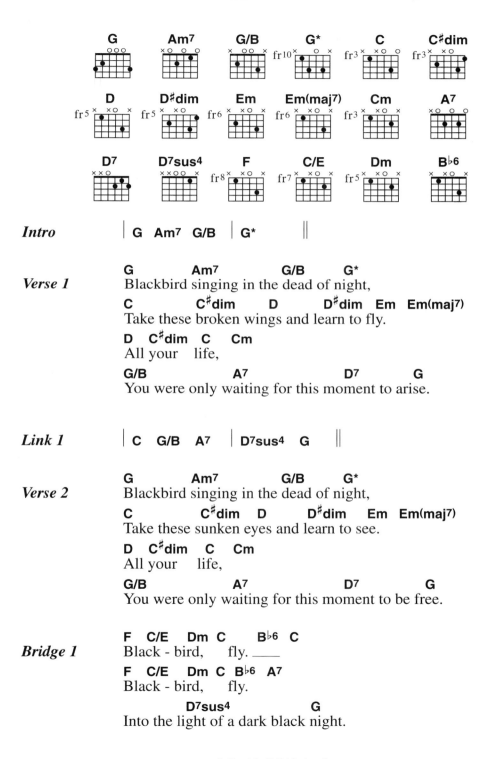

Intro | G Am7 G/B | G* ‖

Verse 1
        G   Am7   G/B   G*
        Blackbird singing in the dead of night,
        C   C♯dim   D   D♯dim Em Em(maj7)
        Take these broken wings and learn to fly.
        D C♯dim C   Cm
        All your   life,
        G/B   A7   D7   G
        You were only waiting for this moment to arise.

Link 1 | C G/B A7 | D7sus4 G ‖

Verse 2
        G   Am7   G/B   G*
        Blackbird singing in the dead of night,
        C   C♯dim   D   D♯dim Em Em(maj7)
        Take these sunken eyes and learn to see.
        D C♯dim C   Cm
        All your   life,
        G/B   A7   D7   G
        You were only waiting for this moment to be free.

Bridge 1
        F C/E Dm C   B♭6 C
        Black - bird,   fly. _____
        F C/E Dm C B♭6 A7
        Black - bird,   fly.
                D7sus4   G
        Into the light of a dark black night.

Link 2 | G Am⁷ G/B | G* | C C♯dim D D♯dim | Em Em(maj⁷) |
(night.)
| D C♯dim | C Cm | G/B A⁷ | D⁷sus⁴   G ‖

F C/E   Dm C   B♭6 C
Bridge 2   Black - bird,   fly. ____

F   C/E   Dm C B♭6 A⁷
Black - bird,   fly.

        D⁷sus⁴   **G**
Into the light of a dark black night.

Link 3 | G Am⁷ G/B | G* | G | G |
(night.)

| G Am⁷ G/B | C G/B A⁷ | D⁷sus⁴ ‖

G   **Am⁷**   **G/B**   **G***
Verse 3   Blackbird singing in the dead of night,

C   **C♯dim**   **D**   **D♯dim Em Em(maj⁷)**
Take these broken wings and learn to fly.

D C♯dim C Cm
All your   life,

G/B   **A⁷**   **D⁷sus⁴** **G**
You were only waiting for this moment to arise.

C   **G/B** **A⁷**   **D⁷sus⁴** **G**
Coda   You were only waiting for this moment to arise.
C   **G/B** **A⁷**   **D⁷sus⁴** **G**
You were only waiting for this moment to arise.

Blowin' In The Wind

Words & Music by Bob Dylan

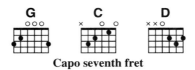

Capo seventh fret

Intro | G ‖

Verse 1
G   C   D   G
How many roads must a man walk down
                 C   G
Before you call him a man?
                 C   D   G
How many seas must a white dove sail
                 C   D
Before she sleeps in the sand?
            G   C   D   G
Yes, 'n' how many times must the cannon balls fly
                C   G
Before they're forever banned?

Chorus 1
           C   D   G   C
The answer, my friend, is blowin' in the wind,
           D   G
The answer is blowin' in the wind.

Link 1 | C D | G C | C D | G ‖

10

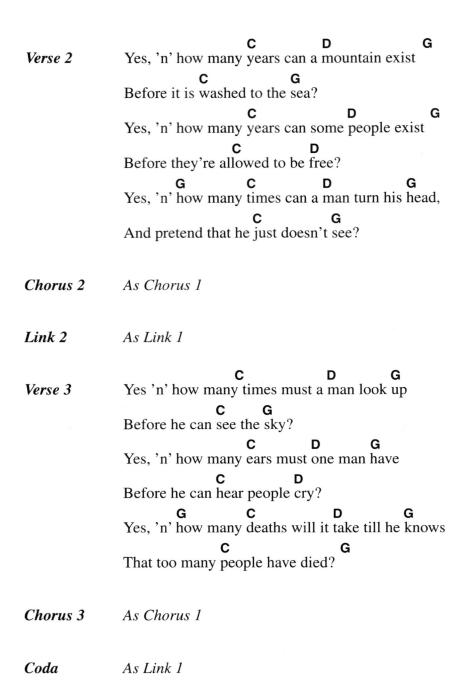

Verse 2

         C   **D**   **G**
Yes, 'n' how many years can a mountain exist

      C   **G**
Before it is washed to the sea?

         C   **D**   **G**
Yes, 'n' how many years can some people exist

       C   **D**
Before they're allowed to be free?

     G   **C**   **D**   **G**
Yes, 'n' how many times can a man turn his head,

        C   **G**
And pretend that he just doesn't see?

Chorus 2   *As Chorus 1*

Link 2   *As Link 1*

Verse 3

        C   **D**   **G**
Yes 'n' how many times must a man look up

     C   **G**
Before he can see the sky?

        C   **D** **G**
Yes, 'n' how many ears must one man have

     C   **D**
Before he can hear people cry?

     G   **C**   **D**   **G**
Yes, 'n' how many deaths will it take till he knows

      C   **G**
That too many people have died?

Chorus 3   *As Chorus 1*

Coda   *As Link 1*

The Boxer

Words & Music by Paul Simon

Tune all strings down a semitone

Intro ‖ **C** ‖

Verse 1

C
I am just a poor boy

               G/B   **Am**
Though my story's seldom told,

     G
I have squandered my resistance

      G⁷   **C**
For a pocket full of mumbles such are promises.

       G/B   **Am**
All lies and jests,

      G   **F**
Still a man hears what he wants to hear

           C **G** **C**
And disregards the rest.

Verse 2

              C
When I left my home and my family

             G/B   **Am**
I was no more than a boy

       G
In the company of strangers,

      G7   **C**
In the quiet of the railway station running scared.

G/B   **Am**   **G**   **F**
Laying low, seeking out the poorer quarters

                  C
Where the ragged people go

        G   **F**   **C**
Looking for the places only they would know.

Chorus 1

        Am   **Em**
Lie la lie, lie la lie lie, lie la lie,

        Am
Lie la lie,

       G7   **C**
Lie la lie la lie la lie la la la la lie.

Verse 3

               C
Asking only workman's wages

               G/B Am
I come looking for a job

               G
But I get no offers,

              G7   C
Just a come-on from the whores on Seventh Avenue.

     G/B Am   G   F
I do declare, there were times when I was so lonesome

                       C   G   C
I took some comfort there, la la la la la la.

Link

| C | C G/B Am | G | G7 | C | |

| C G/B Am | G   F | F   C | G   F | C | ‖

Chorus 2   *As Chorus 1*

Verse 4

               C
Then I'm laying out my winter clothes

               G/B   Am
And wishing I was gone,

               G
Going home

               G7   C
Where the New York City winters aren't bleeding me,

Em   Am   G   C
  Bleeding me,___ going home.

Verse 5

                  C
In the clearing stands a boxer

                  G/B   **Am**
And a fighter by his trade,

                  G
And he carries the reminders

                  G⁷
Of ev'ry glove that laid him down

                  C
Or cut him till he cried out

                  G/B   **Am**
In his anger and his shame,

                  G   **F**
"I am leaving, I am leaving"

                       C   **G F C**
But the fighter still remains.

Chorus 3

          Am   **Em**
𝄆 Lie la lie, lie la lie lie, lie la lie

          Am
Lie la lie,

          G⁷   **Am**
Lie la lie la lie la lie la la la la lie. 𝄇 *(7 times)*

Chorus 4

          Am   **Em**
Lie la lie, lie la lie lie, lie la lie

          Am
Lie la lie,

          G⁷   **C**
Lie la lie la lie la lie la la la la lie.

Coda

| C | C G/B Am | G | G⁷ | C | |

| C G/B Am | G F | F C | G F | C | ‖

Cast No Shadow

Words & Music by Noel Gallagher

Asus⁴   G   Em   D   C

Intro   ‖: Asus⁴ | Asus⁴ | G | G :‖

Verse 1

Asus⁴
Here's a thought for every man

                                  G
Who tries to understand what is in his hands.

      Asus⁴
He walks along the open road of love and life

         G
Surviving if he can.

Em   D
Bound with all the weight

          C   G
Of all the words he tried to say.

Em   D
Chained to all the places

          C   G
That he never wished to stay.

Em   D
Bound with all the weight

          C   G
Of all the words he tried to say.

Em   D   C
As he faced the sun he cast no shadow.

Chorus 1

G   Asus⁴   C | Em D |
As they took his soul they stole his pride,

G   Asus⁴   C | Em D |
As they took his soul they stole his pride,

G   Asus⁴   C | Em D |
As they took his soul they stole his pride,

Em   D   C | C | C | Asus⁴ ‖
As he faced the sun he cast no shadow.

Verse 2   As Verse 1

Chorus 2

G   Asus⁴   C | Em   D |
As they took his soul they stole his pride,
G   Asus⁴   C | Em   D |
As they took his soul they stole his pride,
G   Asus⁴   C | Em   D |
As they took his soul they stole his pride,
G   Asus⁴   C | Em   D |
As they took his soul they took his pride.

Outro

Em   D   C | C |
As he faced the sun he cast no shadow,
Em   D   C | C |
As he faced the sun he cast no shadow,
Em   D   C | C |
As he faced the sun he cast no shadow,
Em   D   C | C |
As he faced the sun he cast no shadow.

| C | C | C | G   ‖

Celebrate

Words & Music by Jonathan Sevink, Charles Heather,
Simon Friend, Jeremy Cunningham & Mark Chadwick

D   G6   Dsus4   Em   G   A   C   F   Em7

Capo 3rd fret

Intro

‖: D   G6 | Dsus4   G6 :‖   *Play 4 times*

Verse 1

              D   G6   Dsus4   G6
Amid the sound and the lights on a table of friends

D   G6   Em
Everybody's fine,

                D   G6
They're all drinking wine, _____ yeah.

| Dsus4   G6 | D   G6 | Dsus4   G6 |

              D   G6   D   G6
'Twas they who fell in love in a crowded room,

      D   G6
Not for the first,

Em   D   G6
But for the thousandth time, _____ yeah.

| Dsus4   G6 | D   G6 | Dsus4   G6 |

Chorus 1

             D   G   D
And so you celebrate, you celebrate,

G   D   G   Em
  You celebrate   your love _____

A   G
  With a little house   just made for two,

A   G   A
  With all the lovely things   you could buy brand new.

                              G
You're gonna settle down,   just the both of you,

Em7   D   G6 | Dsus4   G6 ‖
  You're gonna be a good soul from now on. ___

Inst. 1

‖: D   G6 | Dsus4   G6 :‖   *Play 3 times*

Verse 2

        D   **G6**   **Dsus4**   **G6**
And when the sap first rose back in those days,

     D   **G6**   **Em**
You thought you play it smart,

           D   **G6**
The trail of broken hearts, _____ yeah.

| **Dsus4** **G6** | **D**   **G6** | **Dsus4** **G6** |

        D   **G6**   **D**   **G**
You said they won't find you, they won't find you,

     D   **G6**
They won't find you

    Em   **D**   **G6**
just livin' in a box for two.

| **Dsus4** **G6** | **D**   **G6** | **Dsus4** **G6** |

Chorus 2

       D   **G**   **D**
And so you celebrate, you celebrate,

G   **D**   **G**   **Em**
You celebrate your love _____

A   **G**
With a little house just made for two,

A   **G**   **A**
With all the lovely things you could buy brand new.

               G   **Em7**
You're gonna settle down, just the both of you.

Middle

A   **C**
So when you catch an eye

       F   **C**   **G**
And your dancing heart starts telling you the lies,

A   **C**
You're doin' it to survive,

    F   **C**
What else could hurt so much

         G | **G** | **Em** | **Em** | **A** | **A** ‖
It makes you cry? _____

Inst. 2

‖: **D** **G6** | **Dsus4** **G6** :‖

Chorus 3   As Chorus 1

Outro   ‖: **D** **G6** | **Dsus4** **G6** :‖ *Play 9 times*

        | **D**   ‖

19

Could You Be Loved

Words & Music by Bob Marley

Bm   D   G   Em   F#m

Capo first fret – tune slightly flat

Intro

| (Bm) | (Bm) | (Bm) | (Bm) | Bm | Bm ‖

Chorus 1

```
D                 Bm    G       D
    Could you be loved   and be loved?
                  Bm    G       D
Could you be loved   and be loved?
```

Verse 1

```
Bm                          Em
    Don't let them fool you
Bm                          Em
    Or even try to school you,   oh no.
Bm
    We've got a mind of our own
      G      F#m               Em
So go to hell if what you're thinkin' is not right.
Bm
    Love would never leave us alone,
      G          F#m           A
In the darkness there must come out to light.
```

Chorus 2

```
D            Bm    G       D
    Could you be loved   and be loved?
             Bm    G       D
Could you be loved   and be loved?
```

Intro

| Bm | Bm | Bm | Bm ‖

Bridge 1

```
        Bm
(The road of life is rocky and you may stumble too,

So while you point your fingers someone else is judgin' you.)
```

cont.

Bm
Love your brotherman.

𝄆 (Could you be, could you be, could you be loved?

Could you be, could you be loved?) 𝄇

Verse 2

Bm   **Em**
  Don't let them change you, oh,
Bm   **Em**
  Or even rearrange you,   oh no.
Bm   **G**   **F♯m Em**
  We've got a life to live (hmm-hmm-hmm).
      Bm
They say   only, only
     G   **F♯m**   **A**
Only the fittest of the fittest shall survive,

Stay alive.

Chorus 3

D   **Bm G**   **D**
  Could you be loved   and be loved?
      Bm G   **D**
Could you be loved   and be loved?

Bridge 2

Bm
(You ain't gonna miss your water until your well runs dry,

No matter how you treat him the man will never be satisfied.

Could you be, could you be, could you be loved

Could you be, could you be loved?)

Coda

Bm
(Could you be, could you be, could you be loved

Could you be, could you be loved?)

Say something, say something,

Say something, say something.

Reggae, reggae, say something.

Rockers, rockers, say something.

(Could you be loved?) *Ad lib. to fade*

21

Back To You

Words & Music by Bryan Adams & Eliot Kennedy

Intro ‖: C | Am | F | Gsus⁴ G :‖

Verse 1

             C   Am
Well, I've been down, an' I've been beat,

         F   Gsus⁴
I've been so tired that I could not speak.

  G   C   Am
I've been so lost that I could not see,

       F   Gsus⁴
I wanted things that were out of reach.

  G   C   Am
  Then I found you and you helped me through

       F   Gsus⁴
Yeah, you showed me what to do,

  G   F   E
  And that's why I'm comin' back to you.

Chorus 1

          Am   G F   Gsus4 G
Like a star that guides a   ship across the ocean,

                  Am   G F   Gsus4 G
That's how your love will take me home back to you.

           Em   Am   Em   Am
And if I wish upon that star – someday I'll be where you are

          Dm   Gsus4
And I know that day is coming soon,

          G
Yeah I'm coming back to you.

Link 1 | C | Am | F | Gsus4 G ‖
               (you.)

Verse 2

                C   Am
You've been alone, but you did not show it,

                F   Gsus4
You've been in pain, but did not know it.

        G   C   Am
Let me do what I needed to,

              F   Gsus4
You were there when I needed you.

      G   C   Am
Might've let you down, might've messed you round,

            F   Gsus4
But you never changed your point of view

        G   F   E
And that's why I'm comin' back to you.

Chorus 2   *As Chorus 1*

Link 2   ‖: C | Am | F | Gsus4 G :‖
               (you.)

Verse 3

       C   **Am**
Might've let you down, might've messed you round,

         F   **Gsus⁴**
But you never changed your point of view

   G   **F**   **E**
And that's why I'm comin' back to you.

Chorus 3

      Am   **G F**   **Gsus⁴ G**
Like a star that guides a ship across the ocean,

            Am   **G F**   **Gsus⁴ G**
That's how your love will take me home back to you.

       Em   **Am**   **Em**   **Am**
And if I wish upon that star – someday I'll be where you are.

  Dm   **Gsus⁴ G**
I know that day is coming soon,

                 Am   G F Gsus⁴
Yeah I'm coming back to you.

Coda

G   **Am G F Gsus⁴**
  I'm coming back to you,

G   **Am G F Gsus⁴**
  I'm coming back to you,

G   **Am G F Gsus⁴**
  I'm coming back to you,

G   **Am G F Gsus⁴**
  That day is coming soon,

G   **Am G F Gsus⁴**
  I'm coming back to you.

| **G** | **Am G** | **F** | **C** | ‖

Cry Baby Cry

Words & Music by John Lennon & Paul McCartney

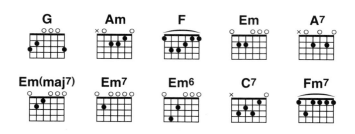

Intro

   G   **Am** **F**   **G**
Cry baby cry,   make your mother sigh,

      Em   **A7**   **F**
She's old enough to know better.

Verse 1

         Em   **Em(maj7)**
The King of Marigold

              Em7
Was in the kitchen

              Em6   **C7** **G**
Cooking breakfast for the Queen.

       Em   **Em(maj7)**
The Queen was in the parlour,

         Em7
Playing piano

         Em6   **C7**
For the children of the King.

Chorus 1

   G   **Am** **F**   **G**
Cry baby cry,   make your mother sigh,

      Em   **A7**
She's old enough to know better.

    F   **G**
So cry baby cry.

Verse 2

         Em   Em(maj7)
The King was in the garden,

         Em7   Em6
Picking flowers for a friend

             C7   G
Who came to play.

         Em   Em(maj7)
The Queen was in the playroom,

         Em7
Painting pictures

         Em6   C7
For the children's holiday.

Chorus 2

       G   Am F   G
Cry baby cry,   make your mother sigh,

         Em   A7
She's old enough to know better.

        F   G
So cry baby cry.

Verse 3

         Em   Em(maj7)
The Duchess of Kirkaldy,

         Em7
Always smiling,

         Em6   C7   G
And arriving late for tea.

        Em   Em(maj7)
The Duke was having problems

         Em7
With a message

         Em6   C7
At the local Bird and Bee.

Chorus 3

       G   Am F   G
Cry baby cry,   make your mother sigh,

         Em   A7
She's old enough to know better.

        F   G
So cry baby cry.

Verse 4

         Em   **Em(maj7)**
At twelve o'clock a meeting

         Em7
Round the table

         Em6   **C7**   **G**
For a seance in the dark.

         Em   **Em(maj7)**
With voices out of nowhere,

         Em7
Put on specially

         Em6   **C7**
By the children, for a lark.

Chorus 4

    G   **Am** **F**   **G**
Cry baby cry,   make your mother sigh,

        Em   **A7**
She's old enough to know better.

   F   **G**
So cry baby cry.

Coda

      Am   **F**   **G**
Cry, cry, cry baby,   make your mother sigh,

       Em   **A7**
She's old enough to know better,

   F   **G**
So cry baby cry.

      Am **F**   **G**
Cry, cry, cry,   make your mother sigh,

       Em   **A7**
She's old enough to know better,

   F   **Em**
So cry baby cry.

Fm7
Can you take me back where I came from

Can you take me back?

Can you take me back where I came from

Brother can you take me back _____

Can you take me back?   *Fade out*

A Day In The Life

Words & Music by John Lennon & Paul McCartney

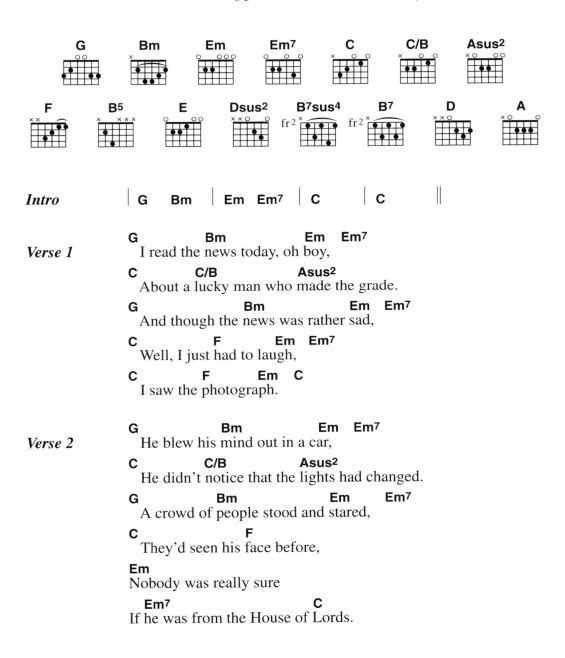

Intro | G   Bm | Em   Em⁷ | C | C ‖

Verse 1
G   Bm   Em   Em⁷
I read the news today, oh boy,

C   C/B   Asus²
About a lucky man who made the grade.

G   Bm   Em   Em⁷
And though the news was rather sad,

C   F   Em   Em⁷
Well, I just had to laugh,

C   F   Em   C
I saw the photograph.

Verse 2
G   Bm   Em   Em⁷
He blew his mind out in a car,

C   C/B   Asus²
He didn't notice that the lights had changed.

G   Bm   Em   Em⁷
A crowd of people stood and stared,

C   F
They'd seen his face before,

Em
Nobody was really sure

Em⁷   C
If he was from the House of Lords.

Verse 3

G   Bm   Em Em7
I saw a film today, oh boy,

C   C/B   Asus2
The English army had just won the war.

G   Bm   Em Em7
A crowd of people turned away,

C   F   Em
But I just had to look,

   Em7 C
Having read the book,

    N.C.(B5)
I'd love to turn you on.

Instrumental ‖: N.C. | N.C. | N.C. | N.C. | N.C. :‖ E | E ‖

Middle

(E)   Dsus2
Woke up, got out of bed, dragged a comb across my head,

    E   B7sus4
Found my way downstairs and drank a cup

    E   B7sus4   B7
And looking up I noticed I was late. Ha, ha, ha.

    E
Found my coat and grabbed my hat,

    Dsus2
Made the bus in seconds flat,

    E   B7sus4
Found my way upstairs and had a smoke

   E   B7sus4
And somebody spoke and I went into a dream.

Interlude

C G D A E C G D A | E D C D ‖
Ah, __ ah, __ ah, __ ah, __ ah. __

Verse 4

G   Bm   Em Em7
I read the news today, oh boy,

C   C/B   Asus2
Four thousand holes in Blackburn, Lancashire.

G   Bm   Em Em7
And though the holes were rather small,

C   F
They had to count them all;

Em   Em7   C
Now they know how many holes it takes to fill the Albert Hall.

   N.C.(B5)
I'd love to turn you on.

Instrumental ‖: N.C. | N.C. | N.C. | N.C. | N.C. :‖ E ‖

29

Days

Words & Music by Ray Davies

Intro | D | D ‖

Chorus 1

D   A⁷
   Thank you for the days,
      G   D   G   D   A⁷
Those endless days, those sacred days you gave me.
D   A⁷
   I'm thinking of the days,
  G   D   G   D   A⁷
I won't forget a single day, believe me.
D G   D
   I bless the light,
  G   D   G   D   A⁷
I bless the light that lights on you believe me.
D   G   D
   And though you're gone,
      G   D   G   D A⁷   D
You're with me every single day, believe me.

Verse 1

B♭   F   C
Days I'll remember all my life,

B♭   F   C
Days when you can't see wrong from right.

   B♭   F
You took my life,

   B♭   F   B♭ F   C
But then I knew that very soon you'd leave me,

F   B♭   F
   But it's all right,

   B♭   F   B♭   F   C   F
Now I'm not frightened of this world, believe me.

Bridge

          A A7   Dm
I wish today   could be tomorrow,

         A   A7
The night is dark,

       Dm   C   B♭   A
It just brings sorrow let it wait.

Chorus 2

               D   A7
Thank you for the days,

      G   D   G   D   A7
Those endless days, those sacred days you gave me.

D   A7
  I'm thinking of the days,

 G   D   G   D   A7   D
I won't forget a single day, believe me.

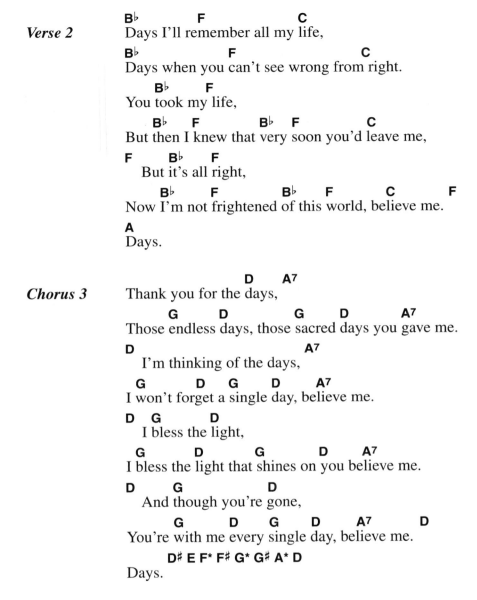

Verse 2

    B♭   F   C
Days I'll remember all my life,

    B♭   F   C
Days when you can't see wrong from right.

       B♭   F
You took my life,

      B♭ F   B♭ F   C
But then I knew that very soon you'd leave me,

F   B♭   F
  But it's all right,

      B♭   F   B♭   F   C   F
Now I'm not frightened of this world, believe me.

    A
Days.

Chorus 3

                          D   A⁷
Thank you for the days,

           G   D   G   D   A⁷
Those endless days, those sacred days you gave me.

    D   A⁷
  I'm thinking of the days,

    G   D   G   D   A⁷
I won't forget a single day, believe me.

    D G   D
  I bless the light,

    G   D   G   D   A⁷
I bless the light that shines on you believe me.

    D   G   D
  And though you're gone,

        G   D   G   D   A⁷   D
You're with me every single day, believe me.

        D♯ E F* F♯ G* G♯ A* D
Days.

Dead From The Waist Down

Words & Music by Cerys Matthews, Mark Roberts, Aled Richards, Paul Jones & Owen Powell

Amaj7   A   C#m   Bm   D   A7   Dm   F#m

Intro | Amaj7 | Amaj7 | Amaj7 | Amaj7 ‖

Verse 1

            A
The sun is shining
               C#m
We should be making hay
                 Bm
But we're dead from the waist down
D   **A**
Like in Californ-i-a.

Victory is empty,
               C#m
There are lessons in defeat
              Bm
But we're dead from the waist down,
D   **Amaj7**
We are sleeping on our feet.

A7
Pre-chorus 1 We stole the songs from birds in trees   **Dm**
               F#m
Bought us time on easy street,
              Bm
Now our paths they never meet.
                 Dm   **F#m**
We chose to court and flatter greed, ego disposability,
               Bm   **E**
I caught a glimpse, and it's not me.

Chorus

               Bm
Make hay not war,

     D   **Amaj⁷**
Make hay not war,

 F♯m   **Bm**
Make hay not war,

             D
Or else we're done for

             Amaj⁷
And we're D from the W down.

Verse 2

   A
There's no contracts binding,

        C♯m
No bad scene beyond repair,

                Bm
But when you're dead from the waist down

 D   **Amaj⁷**
You're too far gone to even care.

Pre-chorus 2

 A⁷   **Dm**
We stole the songs from birds in trees

           F♯m
Bought us time on easy street

           Bm
Now our paths they never meet

            Dm   **F♯m**
We chose to court and flatter greed, ego disposability

        Bm   **E**
I caught a glimpse, and it's not me.

Bm
Make hay not war,

D   **Amaj⁷**
Make hay not war,

F♯m   **Bm**
Make hay not war,

               D
Or else we're done for

                 Amaj⁷   **A⁷**
And we're D from the W down.

Chorus 3

Bm
Make hay not war,

D   **Amaj⁷**
Make hay not war,

F♯m   **Bm**
Make hay not war,

               D
Or else we're done for

                 Amaj⁷
And we're D from the W down.

Coda   And we're D from the W down.   (four times)

The sun is shining.

The sun is shining.

Driftwood

Words & Music by Fran Healy

Em   A   D   G6   Asus4   A7

Capo seventh fret

Intro | (Em) | (A) | Em | A |

Verse 1

D   G6   Asus4   A
Everything is open, nothing is set in stone.

D   G6   Asus4   A
Rivers turn to oceans, oceans tide you home.

D   G6   Asus4   A
Home is where the heart is, but your heart had to roam,

D   G6   Asus4   A
Drifting over bridges never to return,

A7
Watching bridges burn.

Chorus 1

D   A   Em
You're driftwood floating underwater,

G6
Breaking into pieces, pieces, pieces.

D   A   Em
Just driftwood, hollow and of no use,

G6
Waterfalls will find you, bind you, grind you.

Verse 2

D   G6   Asus4   A
Nobody is an island, everyone has to go.

D   G6   Asus4   A
Pillars turn to butter, butterflying low.

D   G6   Asus4   A
Low is where your heart is but your heart has to grow,

D   G6   Asus4   A
Drifting under bridges, never with the flow.

Pre-chorus 1

       Em   **Asus⁴**   **A**

And you really didn't think it would happen

       Em   **Asus⁴** **A**

But it really is the end of the line.

Chorus 2

       D **A**   **Em**

So I'm sorry that you've turned to driftwood

          G⁶   **D**

But you've been drifting for a long, long time.

Solo

| **Em** | **Asus⁴** **A** | **Em** | **Asus⁴** **A** |

| **Em** | **Asus⁴** **A** | **Em** | **Em** ‖

Verse 3

D   **G⁶**   **Asus⁴**   **A**

Everywhere there's trouble, nowhere's safe to go.

D   **G⁶**   **Asus⁴**   **A**

Pushes turn to shovels, shovelling the snow.

D   **G⁶**   **Asus⁴**   **A**

Frozen you have chosen the path you wish to go,

D   **G⁶** **Asus⁴**   **A**

Drifting now forever and forever more

   A⁷

Until you reach your shore.

Chorus 3

       D   **A**   **Em**

You're driftwood floating underwater,

         G⁶

Breaking into pieces, pieces, pieces.

      D   **A**   **Em**

Just driftwood, hollow and of no use,

         G⁶

Waterfalls will find you, bind you, grind you.

Pre-chorus 2

       Em   **Asus⁴**   **A**

And you really didn't think it would happen

       Em   **Asus⁴** **A**

But it really is the end of the line.

Chorus 4

       D **A**   **Em**

So I'm sorry that you've turned to driftwood

          G⁶   **D**

But you've been drifting for a long, long time,

          Em   **D**

But you've been drifting for a long, long time,

        Em   **G⁶**   **D**

You've been drifting for a long, long, drifting for a long, long time.

End Of A Century

Words & Music by Damon Albarn, Graham Coxon, Alex James & Dave Rowntree

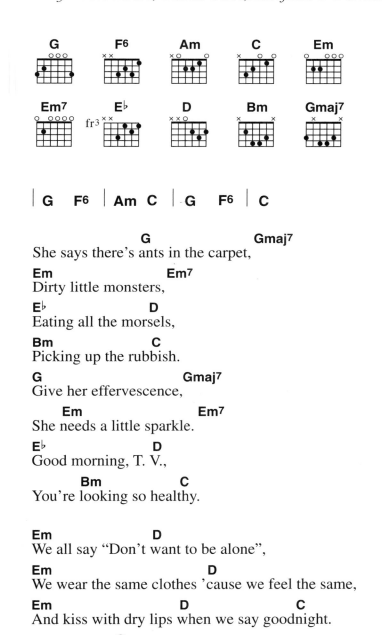

Intro

| G F6 | Am C | G F6 | C |

Verse 1

                                          G   **Gmaj7**
She says there's ants in the carpet,

Em   **Em7**
Dirty little monsters,

E♭   **D**
Eating all the morsels,

Bm   **C**
Picking up the rubbish.

G   **Gmaj7**
Give her effervescence,

     Em   **Em7**
She needs a little sparkle.

E♭   **D**
Good morning, T. V.,

      Bm   **C**
You're looking so healthy.

Chorus 1

Em   **D**
We all say "Don't want to be alone",

Em   **D**
We wear the same clothes 'cause we feel the same,

Em   **D**   **C**
And kiss with dry lips when we say goodnight.

        G
End of a century,

C
Oh, it's nothing special.

Verse 2

G   Gmaj7
Sex on the T.V.,

Em   Em7
Everybody's at it,

         E♭   D
And the mind gets dirty

        Bm   C
As you get closer to thirty.

     G   Gmaj7
He gives her a cuddle,

         Em   Em7
They're glowing in a huddle.

E♭   D   Bm
Good night T.V., you're all made up

C
And you're looking like me.

Chorus 2   As Chorus 1

Instrumental | G | Gmaj7 | Em | Em7 |

              | E♭ | D | Bm | C |

G   F6 Am C
Can you eat her?

G   F6 C
Yes you can.

Chorus 3 ||: Em   D
                  We all say "Don't want to be alone",

Em   D
We wear the same clothes 'cause we feel the same,

Em   D   C
And kiss with dry lips when we say goodnight.

               G
End of a century,

C
Oh it's nothing special. :||

               G
Oh, end of the century,

C   G   Gmaj7
Oh, it's nothing special.

| Em Em7 | E♭ D | C C D G ||

Everybody's Talkin'

Words & Music by Fred Neil

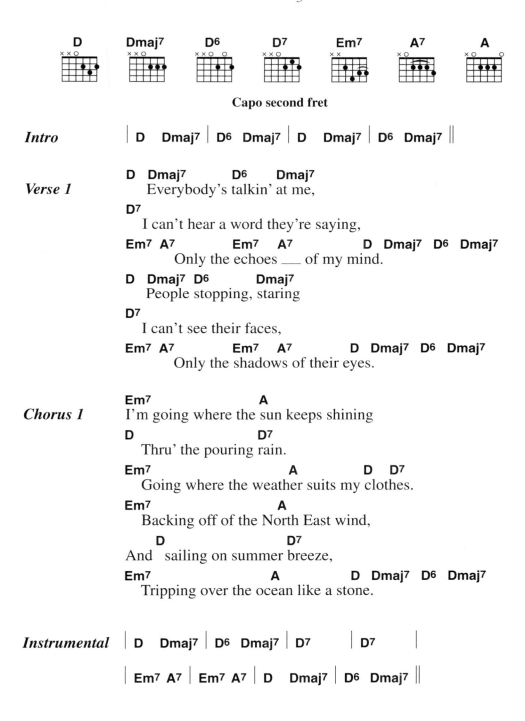

Capo second fret

Intro

| D   Dmaj7 | D6   Dmaj7 | D   Dmaj7 | D6   Dmaj7 ‖

Verse 1

D   Dmaj7   D6   Dmaj7
Everybody's talkin' at me,
D7
 I can't hear a word they're saying,
Em7 A7   Em7   A7   D   Dmaj7 D6   Dmaj7
 Only the echoes __ of my mind.
D   Dmaj7 D6   Dmaj7
 People stopping, staring
D7
 I can't see their faces,
Em7 A7   Em7   A7   D   Dmaj7   D6   Dmaj7
 Only the shadows of their eyes.

Chorus 1

Em7   A
I'm going where the sun keeps shining
D   D7
 Thru' the pouring rain.
Em7   A   D   D7
 Going where the weather suits my clothes.
Em7   A
 Backing off of the North East wind,
     D   D7
And   sailing on summer breeze,
Em7   A   D   Dmaj7   D6   Dmaj7
 Tripping over the ocean like a stone.

Instrumental

| D   Dmaj7 | D6   Dmaj7 | D7 | D7 |

| Em7 A7 | Em7 A7 | D   Dmaj7 | D6   Dmaj7 ‖

Chorus 2

Em⁷   **A**
I'm going where the sun keeps shining

D   **D⁷**
 Thru' the pouring rain.

Em⁷   **A**   **D** **D⁷**
 Going where the weather suits my clothes.

Em⁷   **A**
 Backing off of the North East wind,

   D   **D⁷**
And sailing on summer breeze,

Em⁷   **A**   **D** **Dmaj⁷** **D⁶** **Dmaj⁷**
 Tripping over the ocean like a stone.

D **Dmaj⁷** **D⁶** **Dmaj⁷** **D** **Dmaj⁷** **D⁶** **Dmaj⁷**
 Everybody's talkin' at me. _____

‖: **D** **Dmaj⁷** | **D⁶** **Dmaj⁷** | **D** **Dmaj⁷** | **D⁶** **Dmaj⁷** |

| **D** **Dmaj⁷** | **D⁶** **Dmaj⁷** | **D** **Dmaj⁷** | **D⁶** **Dmaj⁷** :‖ **D**   ‖

Don't Marry Her

Words & Music by Paul Heaton & David Rotheray

C   G   F   C/E   D7   G7   F/A   Cadd9

Intro

| C   G | F   G | F   C/E | D7   G7 |

| C   G | F/A   G | F   C | D7   G7 |

Verse 1

C   G
Think of you with pipe and slippers,
F/A   G
Think of her in bed,
F   C
Laying there just watching telly,
D7   G7
Think of me instead.
       C   G
I'll never grow so old and flabby,
F/A   G
That could never be.
F   G7   C
Don't marry her, fuck me.

Verse 2

                        G
And your love light shines like cardboard,
          F/A   G
But your work shoes are glistening,
        F   C
She's a Ph.D in "I told you so,"
        D7   G7
You've a knighthood in "I'm not listening."
       C   G
She'll grab your sweaty bollocks,
     F/A   G
Then slowly raise her knee,
F   G7   C
Don't marry her, fuck me.

Chorus 1   And the Sunday sun shines down

                  F   C
On San Francisco bay,

                  F   C
And you realise you can't make it anyway.

You have to wash the car,

                  F   C
Take the kiddies to the park,

 F   G7   C
Don't marry her, fuck me.

                                G
Verse 3   Those lovely Sunday mornings,

          F/A   G
With breakfast in bed,

              F   C
Those blackbirds look like knitting needles

D7   G7
Trying to peck your head.

           C   G
Those birds will peck your soul out

          F/A   G
And throw away the key.

 F   G7   C
Don't marry her, fuck me.

                               G
Verse 4   And the kitchen's alway ti - dy,

          F/A   G
And the bathroom's always clean,

             F   C
She's a diploma in "just hiding things,"

          D7   G7
You've a first in "low esteem."

              C   G
When your socks smell of angels,

          F/A   G
But your life smells of Brie,

 F   G7   C
Don't marry her, fuck me.

Chorus 2   And the Sunday sun shines down
                          F   **C**
On San Francisco bay,
                 F   **C**
And you realise you can't make it anyway.

You have to wash the car,
               F   **C**
Take the kiddies to the park,
F   **G7**   **C**
Don't marry her, fuck me.

Instrumental | C   G | F/A G | F   C | D7 G7 |

                  | C   G | F/A G | F   C | D7 G7 |

                  | C   G | F/A G | F   C | D7 G7 |

                  | C   G | F/A G | F   G7 | C ||

Chorus 3   And the Sunday sun shines down
                          F   **C**
On San Francisco bay,
                 F   **C**
And you realise you can't make it anyway.

You have to wash the car,
               F   **C**
Take the kiddies to the park,
F   **G7**   **C**   **Cadd9**   **C**
Don't marry her, fuck me. _____

44

Father And Son

Words & Music by Cat Stevens

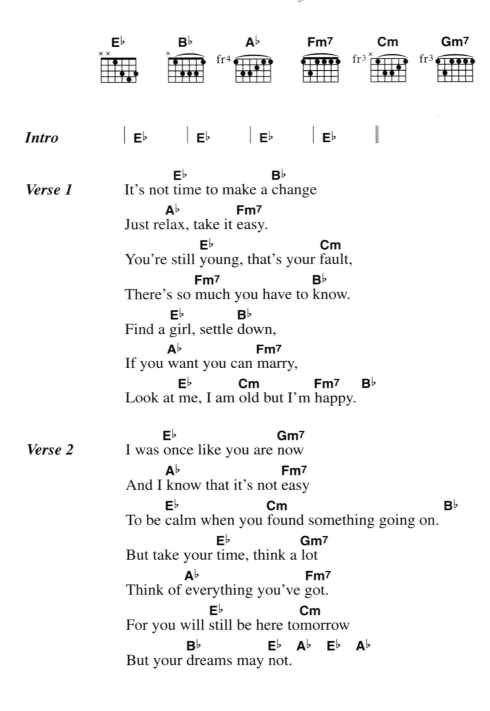

Intro | E♭ | E♭ | E♭ | E♭ ‖

Verse 1

        E♭   **B♭**
It's not time to make a change
  A♭   **Fm7**
Just relax, take it easy.
        E♭   **Cm**
You're still young, that's your fault,
    Fm7   **B♭**
There's so much you have to know.
      E♭   **B♭**
Find a girl, settle down,
    A♭   **Fm7**
If you want you can marry,
      E♭   **Cm**   **Fm7**   **B♭**
Look at me, I am old but I'm happy.

Verse 2

      E♭   **Gm7**
I was once like you are now
    A♭   **Fm7**
And I know that it's not easy
    E♭   **Cm**   **B♭**
To be calm when you found something going on.
        E♭   **Gm7**
But take your time, think a lot
     A♭   **Fm7**
Think of everything you've got.
         E♭   **Cm**
For you will still be here tomorrow
    B♭   **E♭ A♭ E♭ A♭**
But your dreams may not.

Verse 3

    E♭   Gm7
How can I try to explain?

     A♭   Fm7
When I do he turns away again;

     E♭   Cm   Fm7 B♭
Well, it's always been the same, same old story.

      E♭   Gm7
From the moment I could talk

    A♭   Fm7
I was ordered to listen,

       E♭   Cm
Now there's a way and I know

    B♭   E♭
That I have to go away.

  B♭ A♭   E♭ A♭ E♭ A♭
I know I have to go.

Verse 4

     E♭   B♭
It's not time to make a change

    A♭   Fm7
Just sit down and take it slowly

      E♭   Cm
You're still young, that's your fault

    Fm7   B♭
There's so much you have to go through.

     E♭   Gm7
Find a girl, settle down

    A♭   Fm7
If you want you can marry

     E♭   Cm   Fm7 B♭
Look at me, I am old but I'm happy.

Verse 5

        E♭   **Gm7**
All the times that I've cried

            A♭   **Fm7**
Keeping all the things I know inside;

        E♭   **Cm7**   **Fm7**   **B♭**
And it's hard, but it's harder to ignore it.

           E♭   **Gm7**
If they were right I'd agree

        A♭   **Fm7**
But it's them they know not me;

             E♭   **Cm**
Now there's a way, and I know

    B♭   **E♭**
That I have to go away.

  B♭   **A♭**   **E♭**
I know I have to go.

Fields Of Gold

Words & Music by Sting

Bm7   Bsus2   G   D   G/B   A   G/D

Intro

‖: Bm7 | Bm7 | Bm7 | Bm7 :‖

Verse 1

       Bsus2   G
You'll remember me when the west wind moves
              D
Upon the fields of barley.
       Bsus2   G   D
You'll forget the sun in his jealous sky
   G/B   A   Bm7 G D
As we walk in fields of gold.
       Bsus2   G
So she took her love for to gaze a while
              D
Upon the fields of barley.
     Bsus2   G   D
In his arms she fell as her hair came down
   G/B   A   D
Among   the fields of gold.

Verse 2

       Bsus2   G
Will you stay with me, will you be my love
            D
Among the fields of barley?
       Bsus2   G   D
We'll forget the sun in his jealous sky
   G/B   A   Bm7 G D
As we lie in fields of gold.
       Bsus2   G
See the west wind move like a lover so,
              D
Upon the fields of barley.
       Bsus2   G   D
Feel her body rise when you kiss her mouth,
   G/B   A   D
Among   the fields of gold.

Middle

G   D
I never made promises lightly,

G   D
And there have been some that I've broken,

G   D
But I swear in the days still left

     G/B A   D
We'll walk in fields of gold,

     G/B A   D
We'll walk in fields of gold.

Instrumental ‖ **Bsus2** | **G** | **G** | **D** |

       | **Bsus2** | **G** **D** | **G/B** **A** | **D** ‖

Verse 3

     Bsus2   G
Many years have passed since those summer days

        D
Among the fields of barley.

     Bsus2   G   D
See the children run as the sun goes down

     G/B A   D
Among the fields of gold.

     Bsus2   G
You'll remember me when the west wind moves

        D
Upon the fields of barley.

     Bsus2   G D
You can tell the sun in his jealous sky

     G/B A   D
When we walked in fields of gold,

     G/B A   D
When we walked in fields of gold,

     G/B A
When we walked in fields of gold.

Instrumental ‖ **D** **G/D** **D** | **D** **G/D** **D** | **D** **G/D** **D** | **D** **G/D** **D** |

        | **D** **G/D** **D** | **D** **G/D** **D** | **D** **G/D** **D** | **D**   ‖

Fragile

Words & Music by Sting

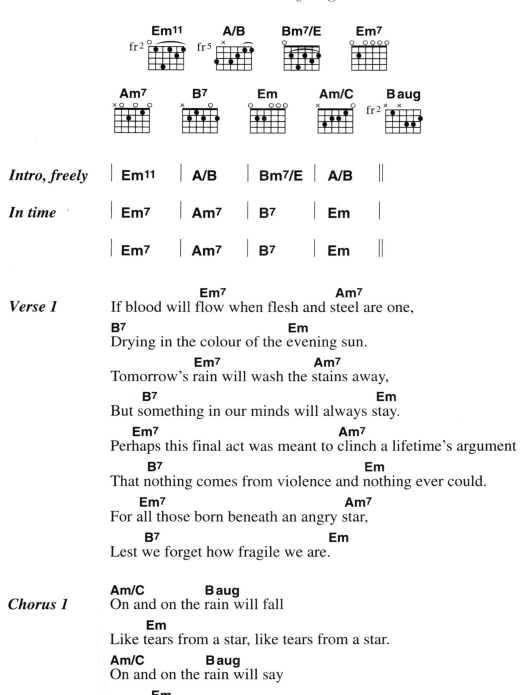

Intro, freely | Em11 | A/B | Bm7/E | A/B ‖

In time | Em7 | Am7 | B7 | Em |

| Em7 | Am7 | B7 | Em ‖

Verse 1

              Em7   Am7
If blood will flow when flesh and steel are one,

B7   Em
Drying in the colour of the evening sun.

              Em7   Am7
Tomorrow's rain will wash the stains away,

      B7   Em
But something in our minds will always stay.

        Em7   Am7
Perhaps this final act was meant to clinch a lifetime's argument

      B7   Em
That nothing comes from violence and nothing ever could.

      Em7   Am7
For all those born beneath an angry star,

      B7   Em
Lest we forget how fragile we are.

Chorus 1

Am/C   B aug
On and on the rain will fall

     Em
Like tears from a star, like tears from a star.

Am/C   B aug
On and on the rain will say

     Em
How fragile we are, how fragile we are.

Instrumental	‖: Em7	Am7	B7	Em	
	Em7	Am7	B7	Em	:‖

Chorus 2

Am/C   **B aug**
On and on the rain will fall

     Em
Like tears from a star, like tears from a star.

Am/C   **B aug**
On and on the rain will say

     Em
How fragile we are, how fragile we are.

  Em
How fragile we are, how fragile we are.

Instrumental,	Em11	A/B	Bm7/E	A/B	
freely	Bm7/E	A/B	Em	‖	

Have You Ever Really Loved A Woman?

Words & Music by Bryan Adams, Robert John 'Mutt' Lange & Michael Kamen

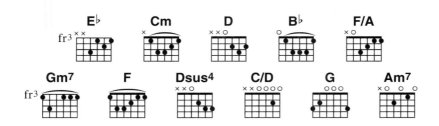

free time

Intro | (E♭) (Cm) (D) ‖

Verse 1

E♭
To really love a woman,

Cm   D
To understand her – you gotta know her deep inside.

B♭   F/A   Gm7
Hear every thought – see every dream,

F
And give her wings – when she wants to fly.

Cm   Dsus4 D
Then when you find yourself lyin' helpless in her arms,

Dsus4   D   C/D   G
You know you really love a woman.

Chorus 1

G
When you love a woman you tell her

D
That she's really wanted.

When you love a woman you tell her

G
That she's the one.

'Cause she needs somebody to tell her

            Am⁷ D   **Am⁷ D**
That it's gonna last___ forever.

  Am⁷   **D**
So tell me have you ever really,

Am⁷   **D**   **G**
Really, really ever loved a woman?

Verse 2

               E♭
To really love a woman

    Cm
Let her hold you –

    D
Till you know how she needs to be touched.

           B♭   **F/A**   **Gm⁷**
You've gotta breathe her – really taste her –

      F
Till you can feel her in your blood.

              Cm   **Dsus⁴ D**
And when you can see your unborn children in her eyes,

   Dsus⁴   **D**   **C/D**   **G**
You know you really love a woman.

Here Comes The Sun

Words & Music by George Harrison

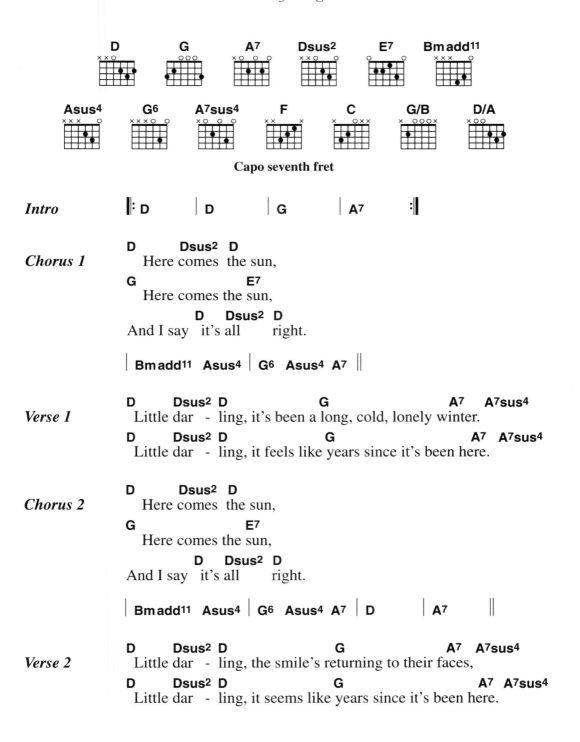

Capo seventh fret

Intro
‖: D | D | G | A7 :‖

Chorus 1

D   Dsus2   D
Here comes the sun,

G   E7
Here comes the sun,

         D   Dsus2   D
And I say   it's all   right.

| Bmadd11   Asus4 | G6   Asus4   A7 ‖

Verse 1

D   Dsus2   D   G   A7   A7sus4
Little dar - ling, it's been a long, cold, lonely winter.

D   Dsus2   D   G   A7   A7sus4
Little dar - ling, it feels like years since it's been here.

Chorus 2

D   Dsus2   D
Here comes the sun,

G   E7
Here comes the sun,

         D   Dsus2   D
And I say   it's all   right.

| Bmadd11   Asus4 | G6   Asus4   A7 | D | A7   ‖

Verse 2

D   Dsus2   D   G   A7   A7sus4
Little dar - ling, the smile's returning to their faces,

D   Dsus2   D   G   A7   A7sus4
Little dar - ling, it seems like years since it's been here.

Chorus 3

D   Dsus2 D
Here comes the sun,

G   E7
Here comes the sun,

          D   Dsus2 D
And I say it's all   right.

| Bmadd11 Asus4 | G6 Asus4 A7 | D | A7   ‖

Bridge

| F | C | G/B | G | D | A7 |

‖: F | C | G/B | G | D | A7   :‖   *Play 5 times*
Sun,   sun,   sun,   here it comes.

| A7 | A7sus4 | A7 | A7sus4 A ‖

Verse 3

D   Dsus2 D   G   A7   A7sus4
Little dar - ling, I feel that ice is slowly melting,

D   Dsus2 D   G   A7   A7sus4
Little dar - ling, it seems like years since it's been clear.

Chorus 4   As Chorus 1

Chorus 5

D   Dsus2 D
Here comes the sun,

G   E7
Here comes the sun,

          D   Dsus2 D
It's alright.

| Bmadd11 Asus4 | G6 Asus4 A7 |
D   Dsus2 D
It's all   right.

Coda

| Bmadd11 Asus4 | G6 Asus4 A7 |

| F   C | G/B G | D/A   ‖

Here, There And Everywhere

Words & Music by John Lennon & Paul McCartney

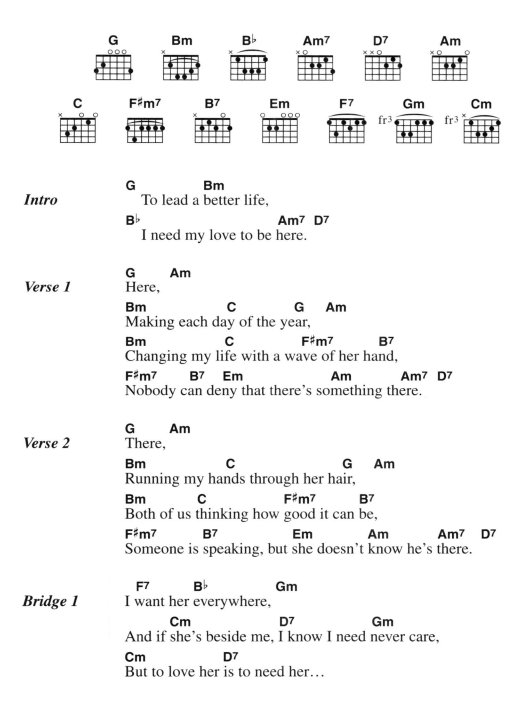

Intro

G   Bm
To lead a better life,
B♭   Am⁷ D⁷
I need my love to be here.

Verse 1

G   Am
Here,
Bm   C   G   Am
Making each day of the year,
Bm   C   F♯m⁷   B⁷
Changing my life with a wave of her hand,
F♯m⁷   B⁷   Em   Am   Am⁷ D⁷
Nobody can deny that there's something there.

Verse 2

G   Am
There,
Bm   C   G   Am
Running my hands through her hair,
Bm   C   F♯m⁷   B⁷
Both of us thinking how good it can be,
F♯m⁷   B⁷   Em   Am   Am⁷   D⁷
Someone is speaking, but she doesn't know he's there.

Bridge 1

F⁷   B♭   Gm
I want her everywhere,
        Cm   D⁷   Gm
And if she's beside me, I know I need never care,
Cm   D⁷
But to love her is to need her…

Verse 3

G   Am
Everywhere.

Bm   C   G   Am
Knowing that love is to share,

Bm   C   F♯m7   B7
Each one believing that love never dies,

F♯m7   B7   Em   Am   Am7 D7
Watching their eyes and hoping I'm always there.

Bridge 2

F7   B♭   Gm
I want her everywhere,

Cm   D7   Gm
And if she's beside me, I know I need never care,

Cm   D7
But to love her is to need her…

Verse 4

G   Am
Everywhere.

Bm   C   G   Am
Knowing that love is to share,

Bm   C   F♯m7   B7
Each one believing that love never dies,

F♯m7   B7   Em   Am   Am7 D7
Watching their eyes and hoping I'm always there.

Coda

G   Am
I will be there

Bm   C
And everywhere,

G   Am   Bm   C   G
Here, there and everywhere. _____

Fernando

Words & Music by Benny Andersson, Björn Ulvaeus & Stig Anderson

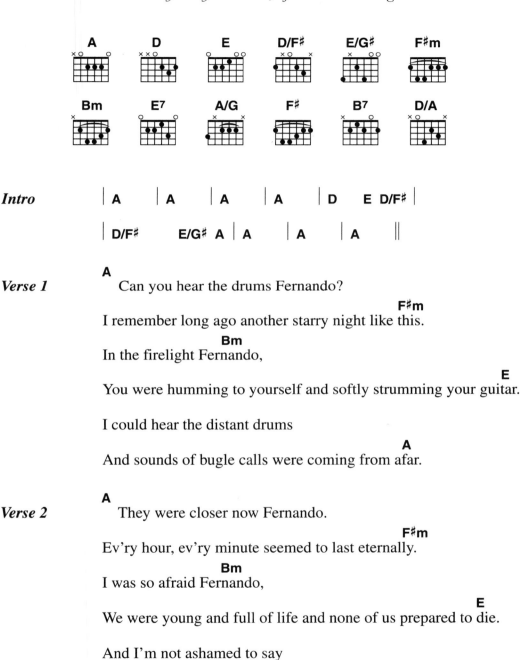

Intro | A | A | A | A | D E D/F♯ |

| D/F♯   E/G♯ A | A | A | A ‖

Verse 1

    A

Can you hear the drums Fernando?

                                    F♯m

I remember long ago another starry night like this.

                  Bm

In the firelight Fernando,

                                           E

You were humming to yourself and softly strumming your guitar.

I could hear the distant drums

                            A

And sounds of bugle calls were coming from afar.

Verse 2

    A

They were closer now Fernando.

                              F♯m

Ev'ry hour, ev'ry minute seemed to last eternally.

                Bm

I was so afraid Fernando,

                                          E

We were young and full of life and none of us prepared to die.

And I'm not ashamed to say

                               A

The roar of guns and cannons almost made me cry.

Chorus 1

   A   E7
There was something in the air that night,
                     A
The stars were bright, Fernando.
                  E7
They were shining there for you and me,
          A
For liberty, Fernando.
         A/G   F♯
Though we never thought that we could lose,
           B7
There's no regret.
           E7
If I had to do the same again,
              A
I would my friend, Fernando.
           E7
If I had to do the same again,
                    D   E D/F♯ | D/F♯   E/G♯ A |
I would my friend, Fernando.

| A | A D/A A | E | E | A ||

Verse 3

   A
     Now we're old and grey Fernando,
                                       F♯m
And since many years I haven't seen a rifle in your hand.
                   Bm
Can you hear the drums Fernando?
                                        E
Do you still recall the fateful night we crossed the Rio Grande?

I can see it in your eyes,
                                      A
How proud you were to fight for freedom in this land.

Chorus 2

   A   E7
There was something in the air that night,
                     A
The stars were bright, Fernando.
                  E7
They were shining there for you and me,
         A
For liberty, Fernando.

                     A/G   **F♯**

Though we never thought that we could lose,

                   B7

There's no regret.

                        E7

If I had to do the same again,

                                 A

I would my friend, Fernando.

Chorus 3

        A   **E7**

There was something in the air that night,

                             A

The stars were bright, Fernando.

                             E7

They were shining there for you and me,

                   A

For liberty, Fernando.

                   A/G   **F♯**

Though we never thought that we could lose,

                   B7

There's no regret.

                        E7

If I had to do the same again,

                               A

I would my friend, Fernando.

                        E7

‖: If I had to do the same again,

                               A

I would my friend, Fernando. :‖ *Repeat to fade*

Homeward Bound

Words & Music by Paul Simon

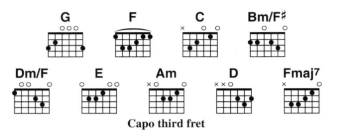

Capo third fret

free time

Intro | G (F) (C) G ‖

Verse 1
     G
I'm sittin' in the railway station,
     Bm/F♯   **Dm/F   E**
Got a ticket for my destination, hm-mmm.
Am
On a tour of one night stands,
    F
My suitcase and guitar in hand,
    G
And every stop is neatly planned
    D   **G**
For a poet and a one man band.

Chorus 1

        C
Homeward bound,

   G
I wish I was

       C
Homeward bound,

G   **Fmaj⁷**
Home, where my thought's escaping,

G   **Fmaj⁷**
Home, where my music's playing,

G   **Fmaj⁷**
Home, where my love lies waiting

D   **G**
Silently for me.

Verse 2

Everyday's an endless stream
    Bm/F♯   **Dm/F** **E**
Of cigarettes and magazines, hm-mmm.
    Am
And each town looks the same to me,
   F
The movies and the factories,
    G
And every stranger's face I see
    D   **G**
Reminds me that I long to be

Chorus 2

        C
Homeward bound,

   G
I wish I was

       C
Homeward bound.

G   **Fmaj⁷**
Home, where my thought's escaping,

G   **Fmaj⁷**
Home, where my music's playing,

G   **Fmaj⁷**
Home, where my love lies waiting

D   **G**
Silently for me.

Verse 3   Tonight I'll sing my songs again,

               Bm/F♯   **Dm/F**   **E**
I'll play the game and pretend, hm-mmm.

            Am
But all my words come back to me

        F
In shades of mediocrity,

           G
Like emptiness in harmony,

       D   **G**
I need someone to comfort me.

                     C
Chorus 3   Homeward bound,

             G
I wish I was

             C
Homeward bound.

G   **Fmaj7**
Home, where my thought's escaping,

G   **Fmaj7**
Home, where my music's playing,

G   **Fmaj7**
Home, where my love lies waiting,

D   **G**   **Bm/F♯**
Silently for me.

               Dm/F   **G (F) (C) G**
Silently for me.

How Deep Is Your Love

Words & Music by Barry Gibb, Robin Gibb & Maurice Gibb

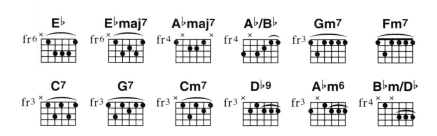

Intro　　| E♭　　| E♭maj7　| A♭maj7　| A♭/B♭　||

Verse 1

　　　　　　　E♭　　　　　Gm7　　　　Fm7
I know your eyes in the morning sun,

C7　　　　　　　Fm7　　　　　G7　　　　　A♭/B♭
I feel you touch me in the pouring rain,

　　　　　　E♭　　　　　　　Gm7　　　　Cm7
And the mo - ment that you wander far from me,

　　　Fm7　　　　　　　　　　　A♭/B♭
I wanna feel you in my arms again.

　　　　　A♭maj7　　　　　Gm7
And you come to me on a sum - mer breeze;

　　　　Fm7　　　　　　　　　　　　　D♭9
Keep me warm in your love, then you soft - ly leave,

　　　Gm7　　　　　　A♭/B♭
And it's me you need to show:

Chorus 1

　　　　　　E♭
How deep is your love?

　　　　　E♭maj7
How deep is your love?

A♭maj7　　　　　　A♭m6
I really mean to learn.

　　　　　　E♭　　　　　　　　B♭m/D♭
'Cause we're living in a world of fools,

　　　　　　　C7　　　　　　　　　　　　　　　Fm7
Breaking us down when they all should let us be, __

　　　　A♭m6
We belong to you and me.

Verse 2

E♭   Gm7   Fm7
   I believe in you,

C7   Fm7   G7   A♭/B♭
You know the door to my very soul.

      E♭   Gm7   Cm7
You're the light in my deepest, dark - est hour,

     Fm7   A♭/B♭
You're my saviour when I fall.

       A♭maj7   Gm7
And you may not think I care for you

      Fm7   D♭9
When you know down inside that I real - ly do,

   Gm7   A♭/B♭
And it's me you need to show:

Chorus 2

     E♭
How deep is your love?

   E♭maj7
How deep is your love?

A♭maj7   A♭m6
I really mean to learn.

     E♭   B♭m/D♭
'Cause we're living in a world of fools,

      C7   Fm7
Breaking us down when they all should let us be, —

   A♭m6
We belong to you and me.

| E♭   Gm7 | A♭/B♭ | ‖

Chorus 3

     E♭
‖: How deep is your love?

   E♭maj7
How deep is your love?

A♭maj7   A♭m6
I really mean to learn.

     E♭   B♭m/D♭
'Cause we're living in a world of fools,

      C7   Fm7
Breaking us down when they all should let us be, —

   A♭m6
We belong to you and me.   :‖   *Repeat to fade*

Hurry Up And Wait

Words by Kelly Jones
Music by Kelly Jones, Richard Jones & Stuart Cable

| G | D/C | Dsus4/C | D | Csus2 |

Capo third fret

Intro | G | G ||

Verse 1

G
   Wait to wake, to get a ride in the rain,

Buy a ticket they can check, we can claim,
               D/C   Dsus4/C D/C Dsus4/C
So we don't spend what's our own.
G
   For a seat, a place to stop, a green light, a red cross.

Run around naked
               D/C Dsus4/C D/C Dsus4/C
Doing old things like the ones before.

Verse 2

G
   For a break so you can take a little something

That'll make your next break
               D/C   Dsus4/C D/C Dsus4/C
Come a little quicker than the ones before.
G
   For an answer spy a sweet dancer,

She walks from the door of the hall,
               D/C   Dsus4/C D/C Dsus4/C
Wish you waited for your wedding vows.

Chorus 1

D   Csus2   G
So hurry up and wait, but what's worth waiting for?
D   Csus2   G
So hurry up and wait, but what's worth waiting for?

Verse 3

G
We wait to get warm, the car starts from cold,

Stall to make a first move
                 D/C   **Dsus4/C D/C Dsus4/C**
Magazines made the rules to make us lose.

G
For your dream man,

The house you could both plan, the car in the sales ad,

The wet dream
             D/C   **Dsus4/C D/C Dsus4/C**
With the man you wish that you had.

Chorus 2   As Chorus 1

Verse 4

G
A watched pot never boils, sugar seconds to dissolve,

Feel your appetite loss,
            D/C   **Dsus4/C D/C Dsus4/C**
Food's relevance   lost inside.

G
We wait to get there, and when we get there we wait around
                      D/C   **Dsus4/C D/C Dsus4/C**
For anyone to tell us what we even got there for.

Chorus 3   As Chorus 1

Chorus 4

Csus2   **G**   **Csus2**   **G**
What's worth waiting for? What's worth waiting for?

Csus2   **G**   **Csus2**
What's worth waiting for? _____

             G
What's worth waiting for?

Coda

G
So join the queue, me and you, wait in line,
                D/C Dsus4/C D/C Dsus4/C
It takes our time to be satisfied, _____

       G   **Csus2**
‖: i - i - ied, i - ied, ___ :‖ *Repeat to fade*

67

I Wouldn't Believe Your Radio

Words by Kelly Jones
Music by Kelly Jones, Richard Jones & Stuart Cable

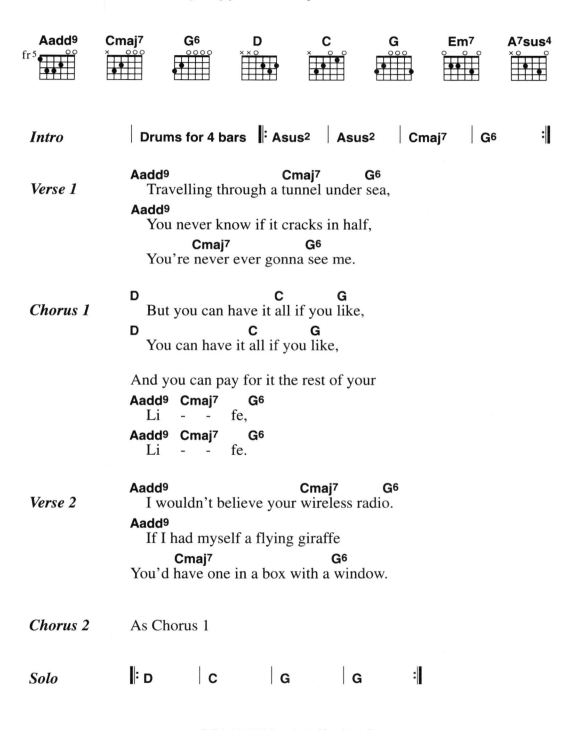

Intro | Drums for 4 bars ‖: Asus² | Asus² | Cmaj⁷ | G⁶ :‖

Verse 1

Aadd⁹   **Cmaj⁷**   **G⁶**
Travelling through a tunnel under sea,
Aadd⁹
You never know if it cracks in half,
        Cmaj⁷   **G⁶**
You're never ever gonna see me.

Chorus 1

D   **C**   **G**
But you can have it all if you like,
D   **C**   **G**
You can have it all if you like,

And you can pay for it the rest of your
Aadd⁹ Cmaj⁷   **G⁶**
Li - - fe,
Aadd⁹ Cmaj⁷   **G⁶**
Li - - fe.

Verse 2

Aadd⁹   **Cmaj⁷**   **G⁶**
I wouldn't believe your wireless radio.
Aadd⁹
If I had myself a flying giraffe
        Cmaj⁷   **G⁶**
You'd have one in a box with a window.

Chorus 2   As Chorus 1

Solo   ‖: D | C | G | G   :‖

© Copyright 1998 Stereophonics Music Limited/
Universal Music Publishing Limited, 77 Fulham Palace Road, London W6.
All Rights Reserved. International Copyright Secured.

68

Middle

Em7   **A7sus4**   **Em7**
Life in the summer's on its back,

           A7sus4   **Em7**
You'd have to agree that that's the crack,

         A7sus4   **G**
So take what you want, I'm not coming back.

Chorus 3

D   **C**   **G**
So you can have it all if you like,

D   **C**   **G**
You can have it all if you like,

D   **C**   **G**
So you can have it all if you like,

D   **C**   **G**
You can have it all if you like,

                  Aadd9
And you can pay for it the rest of your

     Cmaj7   **G6**
Li   -   -   fe,

Aadd9   **Cmaj7**   **G6**
Li   -   -   fe,

Aadd9   **Cmaj7**   **G6**
Li   -   -   fe,

Aadd9   **Cmaj7**   **G6**
Li   -   -   fe.

Coda   ‖: **Aadd9** | **Aadd9** **G6** | **Aadd9** | **Aadd9** **G6** :‖ **Aadd9** ‖

Imagine

Words & Music by John Lennon

C   Cmaj7   F   Am/E   Dm7

F/C   G   C/G   G7   E   E7

Intro
| C   Cmaj7 | F | C   Cmaj7 | F ||

Verse 1

C   Cmaj7   F
Imagine there's no heaven,

C   Cmaj7   F
It's easy if you   try.

C   Cmaj7   F
No hell below   us,

C   Cmaj7   F
Above us only   sky.

            Am/E   Dm7   F/C
Imagine all the people

G   C/G   G7
Living for to - day.

Verse 2

C   Cmaj7   F
Imagine there's no countries,

C   Cmaj7   F
It isn't hard to   do.

C   Cmaj7   F
Nothing to kill or   die for,

C   Cmaj7   F
And no religion   too.

            Am/E   Dm7   F/C
Imagine all the people

G   C/G   G7
Living life in peace.

Chorus 1

F   G   C   Cmaj⁷ E E⁷

You may say I'm a dreamer,

F   G   C Cmaj⁷ E E⁷

But I'm not the only one.

F   G   C   Cmaj⁷ E E⁷

I hope some day you'll join us,

F   G   C

And the world will be as one.

Verse 3

C   Cmaj⁷ F

Imagine no posses - sions,

C   Cmaj⁷ F

I wonder if you can.

C   Cmaj⁷ F

No need for greed or hunger,

C   Cmaj⁷ F

A brotherhood of man.

    Am/E Dm⁷ F/C

Imagine all the people

G   C/G G⁷

Sharing all the world.

Chorus 2

F   G   C   Cmaj⁷ E E⁷

You may say I'm a dreamer,

F   G   C Cmaj⁷ E E⁷

But I'm not the only one.

F   G   C   Cmaj⁷ E E⁷

I hope some day you'll join us,

F   G   C

And the world will live as one.

In My Life

Words & Music by John Lennon & Paul McCartney

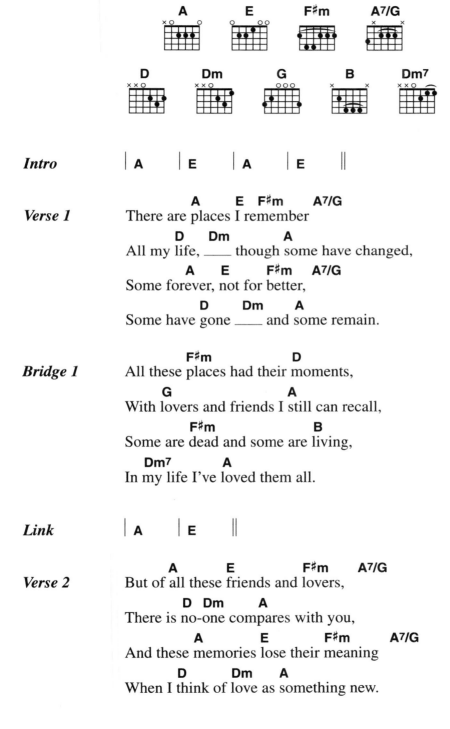

Intro | A | E | A | E ||

Verse 1

           A   E F♯m   A7/G
There are places I remember
          D   Dm   A
All my life, ____ though some have changed,
           A   E   F♯m   A7/G
Some forever, not for better,
            D   Dm   A
Some have gone ____ and some remain.

Bridge 1

           F♯m   D
All these places had their moments,
         G   A
With lovers and friends I still can recall,
          F♯m   B
Some are dead and some are living,
       Dm7   A
In my life I've loved them all.

Link | A | E ||

Verse 2

           A   E   F♯m   A7/G
But of all these friends and lovers,
          D Dm   A
There is no-one compares with you,
           A   E   F♯m   A7/G
And these memories lose their meaning
          D   Dm   A
When I think of love as something new.

Bridge 2

F#m   D
Though I know I'll never lose affection

     G   A
For people and things that went before,

  F#m   B
I know I'll often stop and think about them,

   Dm7   A
In my __ life I love you more.

Solo   ‖: A   E | F#m   A7/G | D   Dm | A   :‖

Bridge 3

F#m   D
Though I know I'll never lose affection

     G   A
For people and things that went before,

  F#m   B
I know I'll often stop and think about them,

   Dm7   A
In my __ life I love you more.

Coda | A | E | Dm7   N.C.   A
                         In my __ life I love you more.

          | E | A   ‖

Killing Me Softly With His Song

Words by Norman Gimbel
Music by Charles Fox

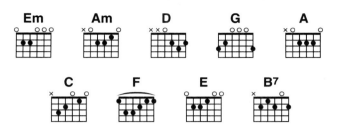

Chorus 1

(Em)   (Am)
Strumming my pain with his fin - gers,

(D)   (G)
Singing my life with his words,

(Em)   (A)
Killing me softly with his song,

        (D)   (C)
Killing me soft - ly with his song,

       (G)   (C)
Telling my whole life with his words,

      (F)   (E)
Killing me softly with his song.

Link

Drum rhythm for 8 bars

Verse 1

(Am)   (D)
I heard he sang a good song,

(G)   (C)
I heard he had a smile,

(Am)   (D)
And so I came to see him

    (Em)
And listen for a while.

(Am)   (D)
And there he was, this young boy,

(G)   (B7)
A stranger to my eyes.

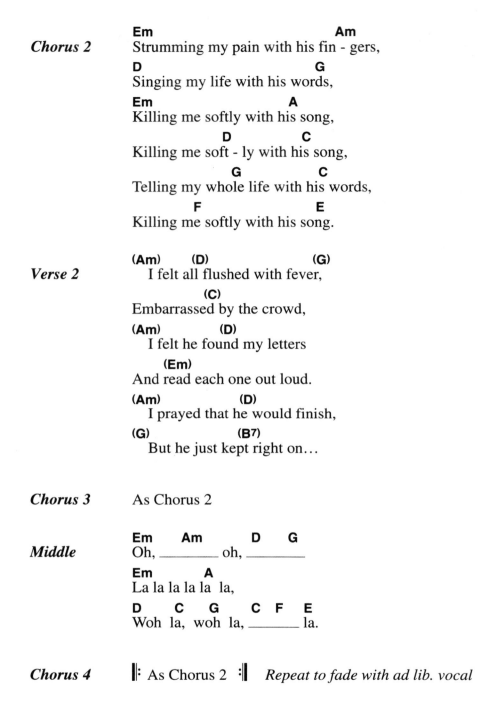

Chorus 2

Em   **Am**
Strumming my pain with his fin - gers,
D   **G**
Singing my life with his words,
Em   **A**
Killing me softly with his song,
           D   **C**
Killing me soft - ly with his song,
          G   **C**
Telling my whole life with his words,
       F   **E**
Killing me softly with his song.

Verse 2

(Am)   **(D)**   **(G)**
   I felt all flushed with fever,
          (C)
Embarrassed by the crowd,
(Am)   **(D)**
   I felt he found my letters
    (Em)
And read each one out loud.
(Am)   **(D)**
   I prayed that he would finish,
(G)   **(B7)**
   But he just kept right on…

Chorus 3   As Chorus 2

Middle

Em   **Am**   **D**   **G**
Oh, _____ oh, _____
Em   **A**
La la la la la la,
D   **C**   **G**   **C**   **F**   **E**
Woh la, woh la, _____ la.

Chorus 4   ‖: As Chorus 2 :‖   *Repeat to fade with ad lib. vocal*

Knockin' On Heaven's Door

Words & Music by Bob Dylan

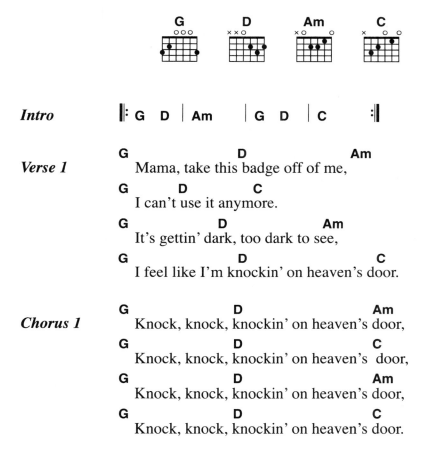

Intro 𝄆 G D | Am | G D | C | 𝄇

Verse 1
G   D   Am
Mama, take this badge off of me,
G   D   C
I can't use it anymore.
G   D   Am
It's gettin' dark, too dark to see,
G   D   C
I feel like I'm knockin' on heaven's door.

Chorus 1
G   D   Am
Knock, knock, knockin' on heaven's door,
G   D   C
Knock, knock, knockin' on heaven's door,
G   D   Am
Knock, knock, knockin' on heaven's door,
G   D   C
Knock, knock, knockin' on heaven's door.

Verse 2

G   D   Am
Mama, put my guns in the ground,

G   D   C
I can't shoot them anymore.

G   D   Am
That long black cloud is comin' down,

G   D   C
I feel like I'm knockin' on heaven's door.

Chorus 2

G   D   Am
Knock, knock, knockin' on heaven's door,

G   D   C
Knock, knock, knockin' on heaven's door,

G   D   Am
Knock, knock, knockin' on heaven's door,

G   D   C
Knock, knock, knockin' on heaven's door.

Fade

Coda | G D | Am | G D | C   ‖

Lay Lady Lay

Words & Music by Bob Dylan

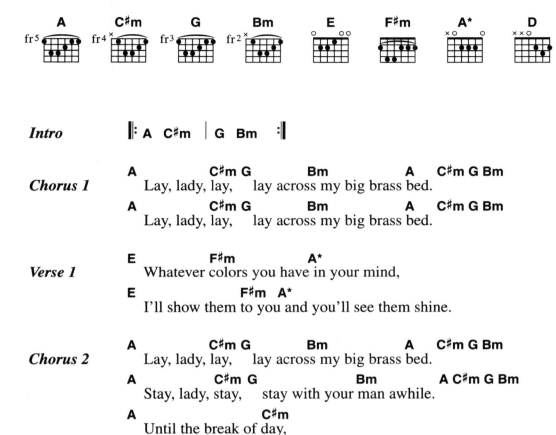

A   C#m   G   Bm   E   F#m   A*   D

Intro ‖: A C#m | G Bm :‖

Chorus 1
```
A            C#m G      Bm            A   C#m G Bm
Lay, lady, lay,   lay across my big brass bed.
A            C#m G      Bm            A   C#m G Bm
Lay, lady, lay,   lay across my big brass bed.
```

Verse 1
```
E            F#m            A*
Whatever colors you have in your mind,
E                 F#m  A*
I'll show them to you and you'll see them shine.
```

Chorus 2
```
A            C#m G      Bm            A   C#m G Bm
Lay, lady, lay,   lay across my big brass bed.
A            C#m G          Bm         A C#m G Bm
Stay, lady, stay,   stay with your man awhile.
A               C#m
Until the break of day,
G            Bm              A C#m G Bm
Let me see you make him smile.
```

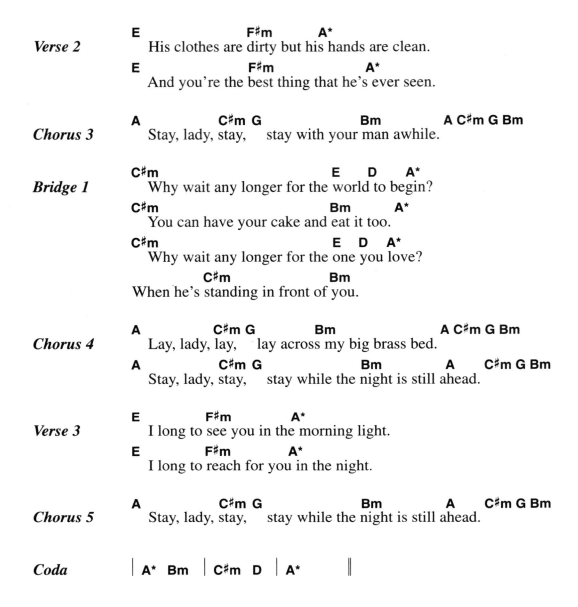

Verse 2

E   F♯m   A*
His clothes are dirty but his hands are clean.

E   F♯m   A*
And you're the best thing that he's ever seen.

Chorus 3

A   C♯m G   Bm   A C♯m G Bm
Stay, lady, stay,   stay with your man awhile.

Bridge 1

C♯m   E   D   A*
Why wait any longer for the world to begin?

C♯m   Bm   A*
You can have your cake and eat it too.

C♯m   E   D   A*
Why wait any longer for the one you love?

          C♯m   Bm
When he's standing in front of you.

Chorus 4

A   C♯m G   Bm   A C♯m G Bm
Lay, lady, lay,   lay across my big brass bed.

A   C♯m G   Bm   A   C♯m G Bm
Stay, lady, stay,   stay while the night is still ahead.

Verse 3

E   F♯m   A*
I long to see you in the morning light.

E   F♯m   A*
I long to reach for you in the night.

Chorus 5

A   C♯m G   Bm   A   C♯m G Bm
Stay, lady, stay,   stay while the night is still ahead.

Coda

| A*   Bm | C♯m   D | A*   ‖

Linger

Words by Dolores O'Riordan
Music by Dolores O'Riordan & Noel Hogan

Dadd⁴   D   A⁶   A   C   Cmaj⁷   G

Intro

‖: Dadd⁴ | D | Dadd⁴ | D :‖ Dadd⁴ ‖

| A⁶ A | A⁶ | C Cmaj⁷ | C Cmaj⁷ | G | G ‖

Verse 1

    D
If you, if you could return,

      A⁶
Don't let it burn, don't let it fade.

      C
I'm sure I'm not being rude,

But it's just your attitude,

    G
It's tearing me apart,

It's ruining ev'rything.

Verse 2

    D
I swore, I swore I would be true,

    A⁶
And honey, so did you,

    C
So why were you holding her hand?

Is that the way we stand?

    G
Were you lying all the time?

Was it just a game to you?

Chorus 1

      D
But I'm in so deep,

            A6
You know I'm such a fool for you,

                            C   **Cmaj7**
You got me wrapped around your finger, ah, ah, ha.

C   **G**
  Do you have to let it linger?

Do you have to, do you have to,

          D
Do you have to let it linger?

Middle

      A6
Oh, I thought the world of you,

          C   **Cmaj7** **C**
I thought nothing could go wrong,

Cmaj7   **G**
But I was wrong, I was wrong.

Verse 3

      D
If you, if you could get by

          A6
Trying not to lie,

              C
Things wouldn't get so confused,

And I wouldn't feel so used,

            G
But you always really knew

I just wanna be with you.

Chorus 2

      D
But I'm in so deep,

            A6
You know I'm such a fool for you,

                           C   **Cmaj7**
You got me wrapped around your finger, ah, ah, ha.

C   **G**
  Do you have to let it linger?

Do you have to, do you have to,

          D
Do you have to let it linger?

Solo | D | D | A6 | A6 | C Cmaj7 | C Cmaj7 | G | G   ‖

Chorus 3
                    D
But I'm in so deep,

                  A6
You know I'm such a fool for you,

                                    C   **Cmaj7**
You got me wrapped around your finger, ah, ah, ha.

C   **G**
  Do you have to let it linger?

Do you have to, do you have to,

                  D
Do you have to let it linger?

Chorus 4
                  A6
You know I'm such a fool for you,

                                    C   **Cmaj7**
You got me wrapped around your finger, ah, ah, ha.

C   **G**
  Do you have to let it linger?

Do you have to, do you have to,

                  D
Do you have to let it linger?

Instrumental | D | D | A6 | A6 |

| C Cmaj7 | C Cmaj7 | G | G |

| D | D Dadd4 | D | D Dadd4 |

| D | D Dadd4 | D   ‖|

A Little Time

Words & Music by Paul Heaton & Dave Rotheray

F　　Bb/F　　Fsus2　　Bb　　C　　Gm　　Fmaj7

Intro　　| F　　Bb/F | F　　Bb/F | F　　Bb/F ||

Verse 1

F　　Fsus2　　F　　　Bb/F　F
I need a little time to think it over,
Bb/F　　　F　　　Bb/F　F
I need a little space just on my own.
　　Fsus2　　F　　Bb/F　　F
I need a little time to find my freedom.
　　Bb/F
I need a little…

Chorus 1

F
Funny how quick the milk turns sour,
Bb　　C
Isn't it, isn't it?

　　　F
Your face has been looking like that for hours,
Bb　　C
Hasn't it, hasn't it?
Bb　　　　　　C
Promises, promises turn to dust,
F　　　　　　Gm
Wedding bells just turn to rust,
Bb　　　C
Trust into mistrust.

Verse 2

　　　　F　　Bb/F　F
I need a little room to find myself in,
　Bb/F　　F　　Bb/F　　F
I need a little space to work it out…
　Bb/F　　F　Bb/F　F
I need a little room all alone.
　Bb/F
I need a little…

Chorus 2

      F
You need a little room for your big head,

B♭   **C**
Don't you, don't you?

      F
You need a little space for a thousand beds,

B♭   **C**
Won't you, won't you?

B♭   **C**
Lips that promise, fear the worst,

F   **Gm**
Tongue so sharp, the bubble burst,

B♭   **C**
Just into un - just.

Instrumental | **Fmaj⁷ B♭/F** | **Fmaj⁷ B♭/F** | **Fmaj⁷ B♭/F** | **Fmaj⁷ B♭/F** |

         | **Fmaj⁷ B♭/F** | **Fmaj⁷ B♭/F** | **Fmaj⁷ B♭/F** ‖

Verse 3

Fma⁷ B♭/F   **F**   **B♭/F** **F**
  I've had a little time to find the truth.

        B♭/F   **F**   **B♭/F**   **F**
Now I've had a little room to check what's wrong.

    B♭/F   **F**   **B♭/F** **F**
I've had a little time and I still love you.

    B♭/F
I've had a little…

Chorus 3

      F
You had a little time and you had a little fun,

B♭   **C**
Didn't you, didn't you?

      F
While you had yours do you think I had none,

B♭   **C**
Do you, do you?

    B♭   **C**
The freedom that you wanted bad

  F   **Gm**
Is yours for good, I hope you're glad.

B♭   **C**
Sad into un - sad.

Verse 4

           Fmaj7
I had a little time

       Fsus2   **Fmaj7**
To think it __ over.

Fsus2   **Fmaj7**
Had a little room

    Fsus2 **Fmaj7**
To work it out.

    Fsus2   **F**
I found a little courage

     Fsus2 **Fmaj7**
To call it off.

Outro

     Fmaj7
  I've had a little time,

I've had a little time,

I've had a little time,

                    F
I've had a little time.

Love Is All Around

Words & Music by Reg Presley

Chord diagrams: F   B♭/F   F7   B♭   Cm (fr3)   E♭ (fr6)   Fsus4

Intro

| F   B♭/F | F7   B♭/F | F   B♭/F | F7 |

Verse 1

   B♭   Cm   E♭   F   B♭ Cm   E♭   F
I feel it in my fingers, I feel it in my toes,

   B♭   Cm   E♭   F   B♭ Cm E♭   F
The love that's all around me, and so the feeling grows,

   B♭   Cm   E♭   F   B♭ Cm   E♭   F
It's written on the wind, it's everywhere I go,

   B♭   Cm   E♭   F   B♭ Cm   E♭ F   E♭
So if you really love me, come on and let it show.

Chorus 1

                      Cm   E♭
You know I love you, I always will,

               B♭
My mind's made up by the way I feel.

   E♭   Cm
There's no beginning, there'll be no end,

                    F   F7
'Cause on my love you can depend.

Instrumental

| B♭   Cm | E♭   Fsus4 F | B♭   Cm | E♭   Fsus4 F |

Verse 2

   B♭   Cm   E♭   F   B♭ Cm   E♭   F
I see your face before me as I lay on my bed,

   B♭   Cm   E♭   F   B♭ Cm E♭   F
I cannot get to thinking of all the things you said.

    B♭   Cm   E♭   F   B♭ Cm   E♭   F
You gave your promise to me and I gave mine to you,

   B♭   Cm   E♭   F   B♭ Cm   E♭ F   E♭
I need someone beside me in everything I do.

Chorus 2

(E♭)   **Cm**   **E♭**
You know I love you, I always will,

                  B♭
My mind's made up by the way I feel.

      E♭   **Cm**
There's no beginning, there'll be no end,

            F   **F7**   **B♭/F**   **F7**   **B♭/F**   **F**
'Cause on my love you can depend.

       B♭/F   **F7**
Got to keep it moving.

Verse 3

    B♭   **Cm**   **E♭**   **Fsus4**   **F**   **B♭**   **Cm**   **E♭**   **F**
It's written in the wind, oh, everywhere I   go,

    B♭   **Cm** **E♭**   **Fsus4**   **F**   **B♭**   **Cm**   **E♭**
So if you really love me,   come on and let it show,

    F
Come on and let it (show).

   B♭   **Cm**
‖: Come on and let it,

E♭   **Fsus4** **F**
Come on and let   it,

B♭   **Cm**   **E♭**   **Fsus4**   **F**
Come on and let it show.   :‖   *Repeat to fade*

Love Me Tender

Words & Music by Elvis Presley & Vera Matson

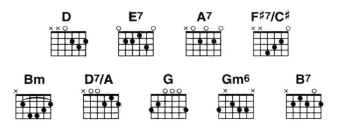

Intro | D ||

Verse 1

D   E7
Love me tender,   love me sweet,

A7   D
Never let me go.

                     E7
You have made my life complete

A7   D
And I love you so.

Chorus 1

               F#7/C# Bm   D7/A
Love me tender, love me true,

G   Gm6   D
All my dreams fulfilled.

            B7   E7
For my darling I love you

A7   D
And I always will.

Verse 2

D   E7
Love me tender, love me long,

A7   D
Take me to your heart.

                 E7
For it's there that I belong

A7   D
And will never part.

Chorus 2

                  F#7/C# **Bm**   **D7/A**
Love me tender, love me true,

G   **Gm6**   **D**
All my dreams fulfilled.

            B7   **E7**
For my darling I love you

A7   **D**
And I always will.

Verse 3

D   **E7**
Love me tender, love me dear,

A7   **D**
Tell me you are mine.

                    E7
I'll be yours through all the years

A7   **D**
Till the end of time.

Chorus 3

                  F#7/C# **Bm**   **D7/A**
Love me tender, love me true,

G   **Gm6**   **D**
All my dreams fulfilled.

            B7   **E7**
For my darling I love you

A7   **D**
And I always will.

Married With Children

Words & Music by Noel Gallagher

Intro

‖: E   G♯5 | C♯m A | C B | E   :‖

Chorus 1

   E   G♯5   C♯m   A
There's no need for you to say you're sorry,

      C   B   E
Goodbye, I'm going home.

        G♯5   C♯m   A
I don't care no more so don't you worry,

      C   B   E
Goodbye, I'm going home.

Verse 1

  A   E   A
I hate the way that even though you know you're wrong

                E
You say you're right.

  A   E
I hate the books you read and all your friends,

     F♯7add11   Aadd9
Your music's shite, it keeps me up all night,

     G5
Up all night.

Chorus 2

As Chorus 1

Verse 2

A   E
I hate the way that you are so sarcastic,

   A   E
And you're not very bright.

A   E
You think that everything you've done's fantastic,

    F#7add11   Aadd9
Your music's shite, it keeps me up all night,

     G5
Up all night.

Guitar solo   ‖: E   G#5 | C#m A | C   B | E   :‖

Middle

C#m   G#5   Aadd9
And it will be nice to be alone

                 E
For a week or two.

C#m   G#5
But I know then I will be right,

Aadd9   Badd11
Right back here with you.

     Aadd9   G#5
With you,   with you,

        F#7add11   Badd11
With you,   with you,

     Aadd9   G#5   F#7add11
With you,   with you.

Chorus 3   As Chorus 1

The Masterplan

Words & Music by Noel Gallagher

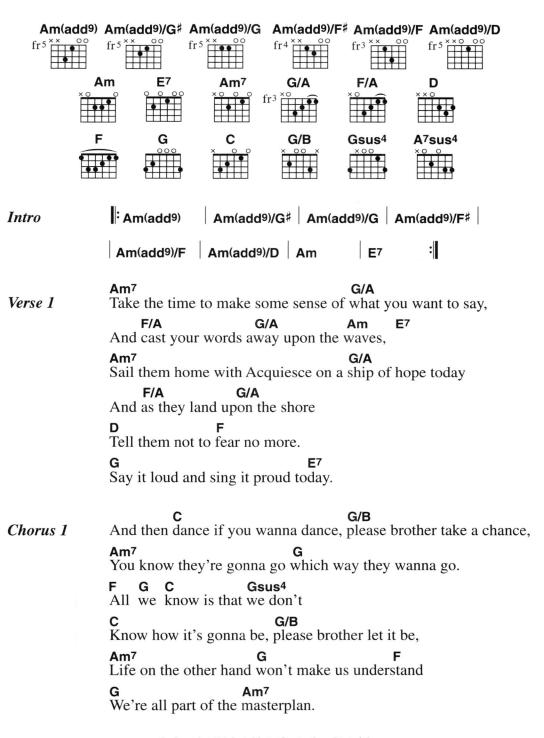

Intro

‖: Am(add9) | Am(add9)/G♯ | Am(add9)/G | Am(add9)/F♯ |

| Am(add9)/F | Am(add9)/D | Am | E7 | :‖

Verse 1

Am7   G/A
Take the time to make some sense of what you want to say,
   F/A   G/A   Am   E7
And cast your words away upon the waves,
Am7   G/A
Sail them home with Acquiesce on a ship of hope today
   F/A   G/A
And as they land upon the shore
D   F
Tell them not to fear no more.
G   E7
Say it loud and sing it proud today.

Chorus 1

            C   G/B
And then dance if you wanna dance, please brother take a chance,
Am7   G
You know they're gonna go which way they wanna go.
F   G   C   Gsus4
All we know is that we don't
C   G/B
Know how it's gonna be, please brother let it be,
Am7   G   F
Life on the other hand won't make us understand
G   Am7
We're all part of the masterplan.

Instrumental | A⁷sus⁴ | F/A G/A | Am⁷ E | Am⁷ |

| A⁷sus⁴ | F/A G/A | D F |

G   **E⁷**
Sing it loud and sing it loud today.

Verse 2

Am⁷   **G/A**
I'm not saying right is wrong, it's up to us to make

    F/A   **G/A**   **Am** **E⁷**
The best of all the things that come our way,

    Am⁷
'Cos everything that's been has passed,

  G/A
the answer's in the looking glass.

    F/A   **G/A**
There's four and twenty million doors

D   **F**
On life's endless corridor.

G   **E⁷**
Say it loud and sing it proud today.

Chorus 2

    C   **G/B**
We'll dance if they wanna dance, please brother take a chance,

Am⁷   **G**
You know they're gonna go which way they wanna go.

F **G** **C**   **Gsus⁴**
All we know is that we don't

C   **G/B**
Know how it's gonna be, please brother let it be,

Am⁷   **G**   **F**
Life on the other hand won't make you understand

G   **C** **G**   **C**
We're all part of the ma - sterplan.

Coda

‖: C G/B | Am⁷ G | C G/B | Am⁷ G :‖

| F | G | E⁷ | E⁷ |

| Am(add9) | Am(add9)/G♯ | Am(add9)/G | Am(add9)/F♯ |

| Am(add9)/F | Am(add9)/D | Am | E⁷ | Am⁷   ‖

93

Me And Julio
Down By The Schoolyard

Words & Music by Paul Simon

A   D   E   B   G

Intro   ‖: **A D A E** :‖ *(x7)*

Verse 1
        A
The mama pyjama rolled out of bed,
              D
And she ran to the police station.

        E
When the papa found out, he began to shout,
              A
And he started the investigation.

        E   **A**
It's against the law, it was against the law,
        E   **A**
What the mama saw, it was against the law.

Verse 2
The mama looked down and spit on the ground
              D
Every time my name gets mentioned.

E
Papa said, "Oy, if I get that boy
              A
I'm gonna stick him in the house of detention."

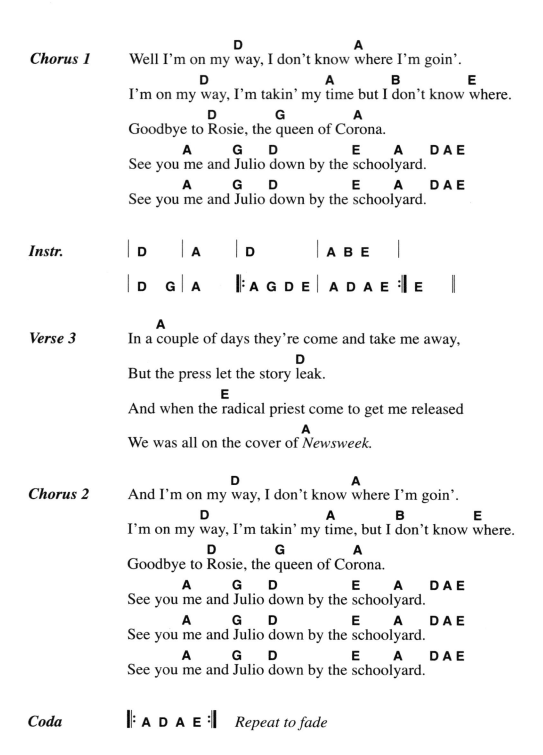

Chorus 1

      D   **A**

Well I'm on my way, I don't know where I'm goin'.

    D   **A**   **B**   **E**

I'm on my way, I'm takin' my time but I don't know where.

    D   **G**   **A**

Goodbye to Rosie, the queen of Corona.

    A   **G** **D**   **E** **A** **D A E**

See you me and Julio down by the schoolyard.

    A   **G** **D**   **E** **A** **D A E**

See you me and Julio down by the schoolyard.

Instr. | **D** | **A** | **D** | **A B E** |

       | **D** **G** | **A** ‖: **A G D E** | **A D A E** :‖ **E** ‖

Verse 3

    A

In a couple of days they're come and take me away,

        D

But the press let the story leak.

      E

And when the radical priest come to get me released

         A

We was all on the cover of *Newsweek.*

Chorus 2

      D   **A**

And I'm on my way, I don't know where I'm goin'.

    D   **A**   **B**   **E**

I'm on my way, I'm takin' my time, but I don't know where.

    D   **G**   **A**

Goodbye to Rosie, the queen of Corona.

    A   **G** **D**   **E** **A** **D A E**

See you me and Julio down by the schoolyard.

    A   **G** **D**   **E** **A** **D A E**

See you me and Julio down by the schoolyard.

    A   **G** **D**   **E** **A** **D A E**

See you me and Julio down by the schoolyard.

Coda   ‖: **A D A E** :‖ *Repeat to fade*

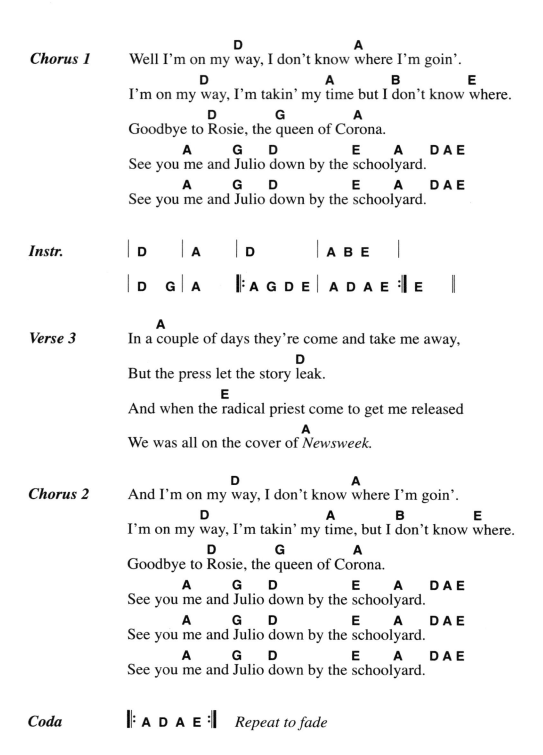

Michelle

Words & Music by John Lennon & Paul McCartney

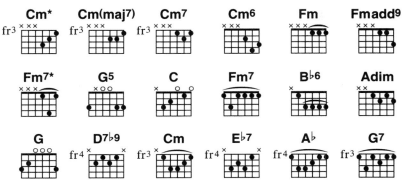

Capo fifth fret

Intro ‖ Cm* Cm(maj7) | Cm7 Cm6 | Fm Fmadd9 Fm Fm7* | G5 ‖

Verse 1
     C   **Fm7**
Michelle,   ma belle,
B♭6   **Adim**   **G**
These are words that go together well,
D7♭9   **G**
My Michelle.

Verse 2
     C   **Fm7**
Michelle,   ma belle,
B♭6   **Adim**   **G**
Sont les mots qui vont très bien ensemble
D7♭9   **G**
Très bien ensemble.

Bridge 1
    Cm
I love you, I love you, I love you,
E♭7   **A♭**
   That's all I want to say,
G7   **Cm**
   Until I find a way,
     Cm* **Cm(maj7)** **Cm7**   **Cm6**
I will say the only   words I know
      Fm **Fmadd9** **Fm** **Fm7*** **G5**
That you'll ___ un - der - stand.

Verse 3   As Verse 2

Cm

Bridge 2   I need to, I need to, I need to,

E♭7   **A♭**
   I need to make you see,

G7   **Cm**
   Oh, what you mean to me.

         Cm* Cm(maj7) Cm7   Cm6
Until I do I'm   hoping you

      Fm Fmadd9   Fm   Fm7* G5
Will know _____ what I   mean.

Cm   **Fm7**

Solo   I love you. _____

| **B♭6** | **Adim** | **G   D7♭9** | **G**   ‖

         Cm

Bridge 2   I want you, I want you, I want you,

E♭7   **A♭**
   I think you know by now,

G7   **Cm**
   I'll get to you somehow.

         Cm* Cm(maj7) Cm7   Cm6
Until I do   I'm   telling you,

      Fm Fmadd9   Fm Fm7* G5
So you'll _____   un - der - stand.

         C   **Fm7**

Verse 4   Michelle,   ma belle,

B♭6   **Adim**   **G**
Sont les mots qui vont très bien ensemble

D7♭9   **G**
Très bien ensemble.

              Cm*   **Cm(maj7)   Cm7   Cm6**
And I will say the only   words I know

      Fm Fmadd9   Fm Fm7* G5
That you'll _____ un - der - stand,

         C
My Michelle.

Solo | **Fm7** | **B♭6** | **Adim** | **G   D7♭9** |

            | **Fm7** | **B♭6** | *Fade out*

97

Mother Nature's Son

Words & Music by John Lennon & Paul McCartney

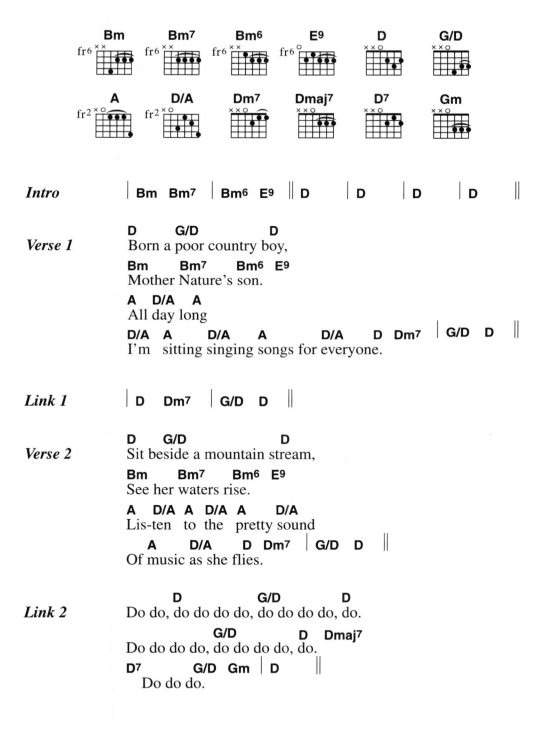

Intro

| Bm Bm7 | Bm6 E9 || D | D | D | D ||

Verse 1

D   G/D   D
Born a poor country boy,

Bm   Bm7   Bm6 E9
Mother Nature's son.

A D/A A
All day long

D/A A   D/A A   D/A   D Dm7 | G/D D ||
I'm   sitting singing songs for everyone.

Link 1

| D Dm7 | G/D D ||

Verse 2

D   G/D   D
Sit beside a mountain stream,

Bm   Bm7   Bm6 E9
See her waters rise.

A D/A A D/A A   D/A
Lis-ten to the pretty sound

      A   D/A   D Dm7 | G/D D ||
Of music as she flies.

Link 2

         D   G/D   D
Do do, do do do do, do do do do, do.

              G/D   D Dmaj7
Do do do do, do do do do, do.

D7   G/D Gm | D ||
   Do do do.

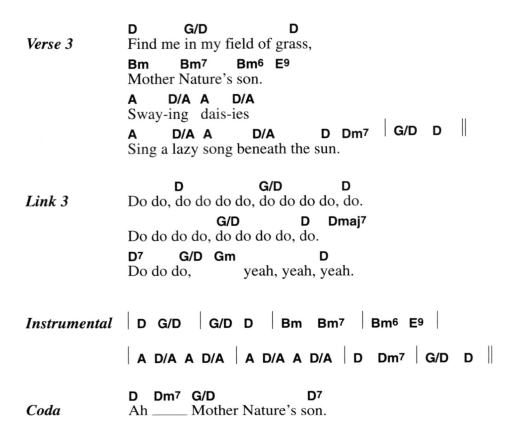

Verse 3

     D   **G/D**   **D**
Find me in my field of grass,

Bm   **Bm7**   **Bm6 E9**
Mother Nature's son.

A   **D/A A**   **D/A**
Sway-ing dais-ies

A   **D/A A**   **D/A**   **D Dm7** | **G/D**   **D**   ‖
Sing a lazy song beneath the sun.

Link 3

       D   **G/D**   **D**
Do do, do do do do, do do do do, do.

               G/D   **D Dmaj7**
Do do do do, do do do do, do.

D7   **G/D Gm**   **D**
Do do do,   yeah, yeah, yeah.

Instrumental | **D G/D** | **G/D D** | **Bm** **Bm7** | **Bm6 E9** |

               | **A D/A A D/A** | **A D/A A D/A** | **D Dm7** | **G/D D** ‖

Coda

   D Dm7 G/D   **D7**
Ah ____ Mother Nature's son.

More Than Us

Words & Music by Fran Healy

Capo third fret

Intro
```
| C   | C   | C   | C   ||
```
Fade in

Verse 1

   C
More than us,

And we are them,
     F
But they don't know
     C
What's in their hands.

It's more than you
     G7
And it's more than I,
     F
But it's more.

Chorus 1

     Fm
And everybody calls it love,
     E   E7   Am
But I'm not really sure if it's love
     D
At all,
     Dm7
No   not anymore.

Link 1
```
| C   | C   ||
```

Verse 2

C
More than he,

More than she,

F
They all sleep

   C
But we just dream.

It's more or less,

   G7
Means more for us,

   F
But it's more.

Chorus 2

   Fm
And everybody wants a hand

   E   E7   Am
But I'm too busy holding up the world

     D
To carry on, _____

Dm7
  Not anymore,

Link 2

| C | C   ‖

Bridge

F
I wish that I

   Fm   C
Could fly, fly, fly away.

   F
And if I should fall

   Fm
And you hear me call,

    G7
Would you stay?

Verse 3

      C
Now more than us

And we are them,
      F
But they don't know
      C
What's in their heads.

It's more than you
       G7
And it's more than I,
      F
But it's more.

       Fm
Chorus 3   And everybody calls it love,
      E   **E7**   **Am**
But I'm not really sure if this is love
      D
At all,
      Dm7
No,   not anymore,
C
  Anymore,

Anymore,

Anymore.   *(Vocal fades out)*

Mr. Tambourine Man

Words & Music by Bob Dylan

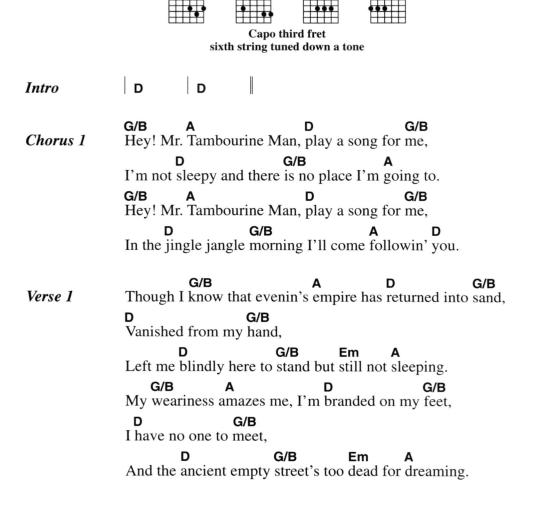

Capo third fret
sixth string tuned down a tone

Intro | D | D   ‖

Chorus 1
G/B   A   D   G/B
Hey! Mr. Tambourine Man, play a song for me,
          D   G/B   A
I'm not sleepy and there is no place I'm going to.
G/B   A   D   G/B
Hey! Mr. Tambourine Man, play a song for me,
          D   G/B   A   D
In the jingle jangle morning I'll come followin' you.

Verse 1
                    G/B   A   D   G/B
Though I know that evenin's empire has returned into sand,
D   G/B
Vanished from my hand,
          D   G/B   Em   A
Left me blindly here to stand but still not sleeping.
          G/B   A   D   G/B
My weariness amazes me, I'm branded on my feet,
          D   G/B
I have no one to meet,
                    D   G/B   Em   A
And the ancient empty street's too dead for dreaming.

Link 1   ‖ D   │ D   ‖

Verse 2

G/B   A   D   G/B
Take me on a trip upon your magic swirlin' ship,

      D   G/B   D   G/B
My senses have been stripped, my hands can't feel to grip,

      D   G/B   D   Em
My toes too numb to step, wait only for my boot heels

    A
To be wanderin'.

    G/B   A   D   G/B
I'm ready to go anywhere, I'm ready for to fade

 D   G/B   D   G/B
Into my own parade, cast your dancing spell my way,

  Em   A
I promise to go under it.

Link 2   ‖ D   │ D   ‖

Verse 3

         G/B   A
Though you might hear laughin', spinnin',

      D   G/B
Swingin' madly across the sun,

     D   G/B   D   G/B
It's not aimed at anyone, it's just escapin' on the run

      D   G/B Em   A
And but for the sky there are no fences facin'.

    G/B   A   D   G/B
And if you hear vague traces of skippin' reels of rhyme

      D   G/B   D   G/B
To your tambourine in time, it's just a ragged clown behind,

         D   G/B   D
I wouldn't pay it any mind, it's just a shadow you're

Em   A
Seein' that he's chasing.

Chorus 4   *As Chorus 1*

Harmonica | G/B A | D G/B | D G/B | D G/B | D G/B |
Break

| D G/B | D Em | A | G/B A | D G/B |

| D G/B | D G/B | D Em | A D | D   ‖

| G/B   A   D   G/B
Verse 4   Then take me disappearin' through the smoke rings of my mind,
| D   G/B   D   G/B
Down the foggy ruins of time, far past the frozen leaves,
| D   G/B   D   G/B
The haunted, frightened trees, out to the windy beach,
| D   G/B   Em   A
Far from the twisted reach of crazy sorrow.
| G/B   A   D   G/B
Yes, to dance beneath the diamond sky with one hand waving free,
| D   G/B   D   G/B
Silhouetted by the sea, circled by the circus sands,
| D   G/B   D   G/B
With all memory and fate driven deep beneath the waves,
| D   Em   A
Let me forget about today until tomorrow.

Chorus 5   *As Chorus 1*

                                                                    fade

Coda | G/B A | D G/B | D G/B | D G/B | D G/B ‖

Mrs Robinson

Words & Music by Paul Simon

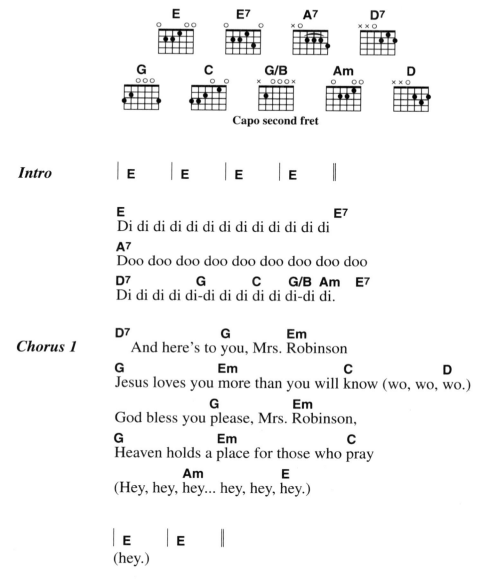

Capo second fret

Intro
| E | E | E | E ‖

E   E⁷
Di di di di di di di di di di di di di di

A⁷
Doo doo doo doo doo doo doo doo doo

D⁷   G   C   G/B Am   E⁷
Di di di di di-di di di di di di-di di.

Chorus 1
D⁷   G   Em
    And here's to you, Mrs. Robinson
G   Em   C   D
Jesus loves you more than you will know (wo, wo, wo.)
              G   Em
God bless you please, Mrs. Robinson,
G   Em   C
Heaven holds a place for those who pray
       Am   E
(Hey, hey, hey... hey, hey, hey.)

| E | E ‖
(hey.)

Verse 1

E⁷

We'd like to know a little bit about you for our files,

A⁷

We'd like to help you learn to help yourself.

D⁷   G   C   G/B Am

Look around you, all you see are sympathetic eyes.

E⁷   D⁷

Stroll around the grounds until you feel at home.

Chorus 2

          G   Em

And here's to you, Mrs. Robinson,

G   Em   C   D

Jesus loves you more than you will know (wo, wo, wo.)

      C   G   Em

God bless you please, Mrs. Robinson,

G   Em   C

Heaven holds a place for those who pray

        Am   E

(Hey, hey, hey… hey, hey, hey.)

| E | E ‖

(hey.)

Verse 2

                                       E⁷

Hide it in a hiding place where no one ever goes,

A⁷

Put it in your pantry with your cupcakes.

D⁷   G   C   G/B Am

It's a little secret, just the Robinsons' affair.

E   E⁷   D⁷

Most of all, you've got to hide it from the kids.

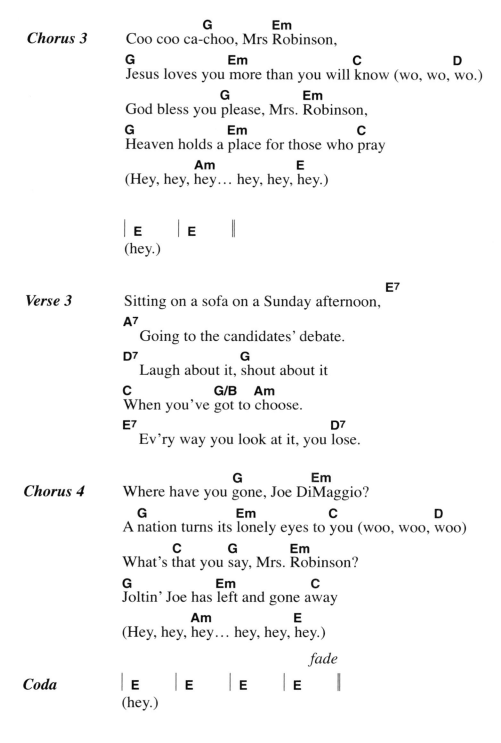

Chorus 3

           G   **Em**
Coo coo ca-choo, Mrs Robinson,

G   **Em**   **C**   **D**
Jesus loves you more than you will know (wo, wo, wo.)

             G   **Em**
God bless you please, Mrs. Robinson,

G   **Em**   **C**
Heaven holds a place for those who pray

        Am   **E**
(Hey, hey, hey… hey, hey, hey.)

| **E** | **E** ‖
(hey.)

Verse 3

                                       E⁷
Sitting on a sofa on a Sunday afternoon,

A⁷
   Going to the candidates' debate.

D⁷   **G**
   Laugh about it, shout about it

C   **G/B** **Am**
When you've got to choose.

E⁷   **D⁷**
   Ev'ry way you look at it, you lose.

Chorus 4

             G   **Em**
Where have you gone, Joe DiMaggio?

G   **Em**   **C**   **D**
A nation turns its lonely eyes to you (woo, woo, woo)

        C   **G**   **Em**
What's that you say, Mrs. Robinson?

G   **Em**   **C**
Joltin' Joe has left and gone away

        Am   **E**
(Hey, hey, hey… hey, hey, hey.)

                     fade

Coda | **E** | **E** | **E** | **E**   ‖
(hey.)

108

No Matter What

Words by Jim Steinman
Music by Andrew Lloyd Webber

Chords: A A7 D Bm Bm/A Esus4 E A/C#
C Dm Gsus4 G Dm7 C7/E C/E Am7

Intro

| A | A7 | D | D |
| D | D | Bm | A |

Verse 1

A
No matter what they tell us,
          Bm/A
No matter what they do,
Bm   **Esus4**   **E**
No matter what they teach us,
Esus4   **E**   **A**
What we believe is true.

Verse 2

A
No matter what they call us,
          Bm/A
However they attack,
Bm   **Esus4**   **E**
No matter where they take us,
Esus4   **E**   **A**
We'll find our own way back.

Chorus 1

A   **A7**
I can't deny what I believe,
D   **A/C#**
I can't be what I'm not,
Bm   **Esus4 E**
I know our love's forev - er
Esus4 E   **A**
I know no matter what.

Verse 3

A
If only tears were laughter,

Bm/A
If only night was day

Bm   Esus⁴   E
If only prayers were answered

Esus⁴   E   A
Then we would hear God say.

Verse 4

A
No matter what they tell you,

Bm/A
No matter what they do,

Bm   Esus⁴ E
No matter what they teach   you,

Esus⁴   E   A
What you believe is true.

Chorus 2

A   A⁷
And I will keep you safe and strong,

D   A/C♯
And sheltered from the storm.

Bm   Esus⁴ E
No matter where it's bar   -   ren

Esus⁴   E   A
Our dream is being born.

Instr

| C | C | C | Dm |

| Dm | Gsus⁴ G | Gsus⁴ G | C   ‖

Verse 5

C
No matter who they follow,

Dm⁷
No matter where they lead,

Dm   Gsus⁴   G
No matter how they judge us,

Gsus⁴   G   C
I'll be everyone you need.

Chorus 3

C   **C7/E**
No matter if the sun don't shine

F   **C/E**
Or if the skies are blue,

Dm   **Gsus4** **G**
No matter what the end - ing

Gsus4   **G**   **C**
My life began with you.

Chorus 4

C   **C7/E**
I can't deny what I believe,

F   **C/E**
I can't be what I'm not.

Dm   **Gsus4** **G**
I know this love's forever

Gsus4   **G**   **C**
That's all that matters now

         C   **Am7**
No matter what.

Coda

G   **C**   **Am7**
No, no matter what

G   **C**   **Am7**
No, no matter what

C
No, no matter,

Am7   **G**   **C**
That's all that matters to me. *Repeat to fade*

Nothing Else Matters

Words & Music by James Hetfield & Lars Ulrich

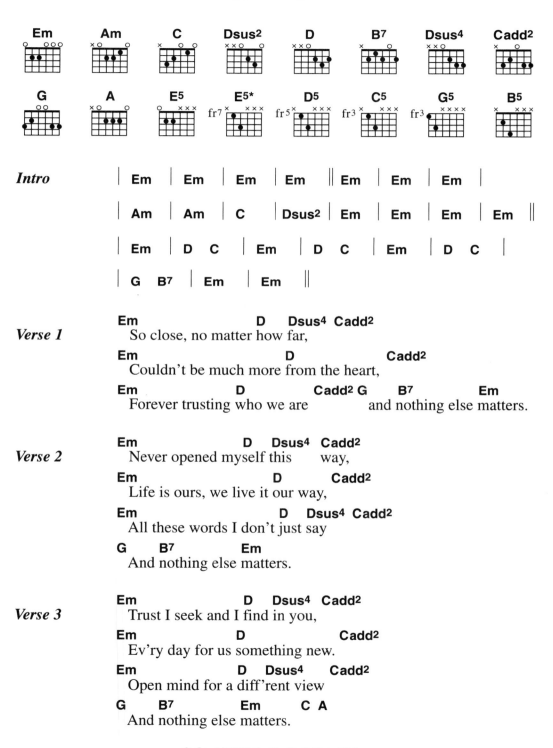

Intro

| Em | Em | Em | Em ‖ Em | Em | Em |

| Am | Am | C | Dsus2 | Em | Em | Em | Em ‖

| Em | D C | Em | D C | Em | D C |

| G B7 | Em | Em ‖

Verse 1

Em   D   Dsus4 Cadd2
So close, no matter how far,

Em   D   Cadd2
Couldn't be much more from the heart,

Em   D   Cadd2 G   B7   Em
Forever trusting who we are   and nothing else matters.

Verse 2

Em   D   Dsus4 Cadd2
Never opened myself this   way,

Em   D   Cadd2
Life is ours, we live it our way,

Em   D   Dsus4 Cadd2
All these words I don't just say

G   B7   Em
And nothing else matters.

Verse 3

Em   D   Dsus4 Cadd2
Trust I seek and I find in you,

Em   D   Cadd2
Ev'ry day for us something new.

Em   D   Dsus4   Cadd2
Open mind for a diff'rent view

G   B7   Em   C A
And nothing else matters.

Chorus 1

```
      D                         C     A
      Never cared for what they do,
      D                         C     A
      Never cared for what they know,
      D         Em
      Oh, but I know.
```

Verse 4   As Verse 1

Chorus 2   As Chorus 1

Instrumental   ‖: Em | Em | Am | Am | C | Dadd2 | Em | Em :‖

Verse 5   As Verse 2

Verse 6   As Verse 3

Chorus 3

```
      D                         C   A
      Never cared for what they say,
      D                           C   A
      Never cared for games they play,
      D                        C   A
      Never cared for what they do,
      D                         C     A
      Never cared for what they know,
      D         Em
      Oh and I know, yeah, yeah.
```

Solo

```
| E5   | D5  C5 | E5   | D5  C5 | E5   | D5  C5 |
| G5  B5 | E5   | E5   | E5   | E5   ‖
```

Verse 7

```
      Em                    D   Dsus4  Cadd2
      So close, no matter how far,
      Em                        D           Cadd2
      Couldn't be much closer from the heart,
      Em               D   Dsus4  Cadd2
      Forever trusting who we are.
      G     B7        Em
      No, nothing else matters.
```

One Way

Words & Music by Jonathan Sevink, Charles Heather,
Simon Friend, Jeremy Cunningham & Mark Chadwick

Bm   D   E5   A   G   G*   F

                         Bm D   **E5**   **A**   **G**

Chorus 1   There's only one   way of life, and that's your own,

                   D   **A**

Your own, your own.

Instr. 1   ‖: **D** | **D** | **F** | **G***   :‖

                   D

Verse 1   My father, when I was younger, took me up onto the hill

                       F   **G***

That looked down on the city smog above the factory spill.

                       D

He said, "Now this is where I come when I want to be free."

                       F   **G***

Well he never was in his lifetime, but these words stuck with me.

Hey!

Instr. 2   ‖: **D** | **D** | **F** | **G***   :‖

                   D

Verse 2   And so I ran from all of this, and climbed the highest hill,

                       F   **G***

And I looked down onto my life above the factory spill,

                       D

And I looked down onto my life as the family disgrace,

                       F   **G***

Then all my friends on the starting line their wages off to chase,

                       F   **G***

Yes, and all my friends and all their jobs and all the bloody waste.

Chorus 2

          Bm D   **E⁵**   **A**   **G**
There's only one way of life, and that's your own,

     D   **A**
Your own, your own,

          Bm D   **E⁵**   **A**   **G**
There's only one way of life, and that's your own,

     D   **A**
Your own, your own.

Instr. 3   ‖: **D** | **D** | **F** | **G***   :‖

Verse 3

                 D
Well, well, well I grew up, learned to love and laugh,

Circled as on the underpass,

     F
But the noise we thought would never stop,

G*
Died a death as the punks grew up.

       D
And we choked on our dreams, we wrestled with our fears,

     F
We're running through the heartless concrete streets,

G*
Chasing our ideas. Run!

Instr. 4   ‖: **D** | **D** | **F** | **G***   :‖

Verse 4

             D
And all the problems of this world won't be solved by this guitar

        F   **G***
And they won't stop coming either, by the life I've had so far.

        D
And the bright lights of my home town

Won't be getting any dimmer,

      F   **G***
Though their calling has receded like some old distant singer,

      F   **G***
And they don't look so appealing to the eyes of this poor sinner.

Chorus 3   As Chorus 2

Chorus 4   As Chorus 2

Pinball Wizard

Words & Music by Pete Townshend

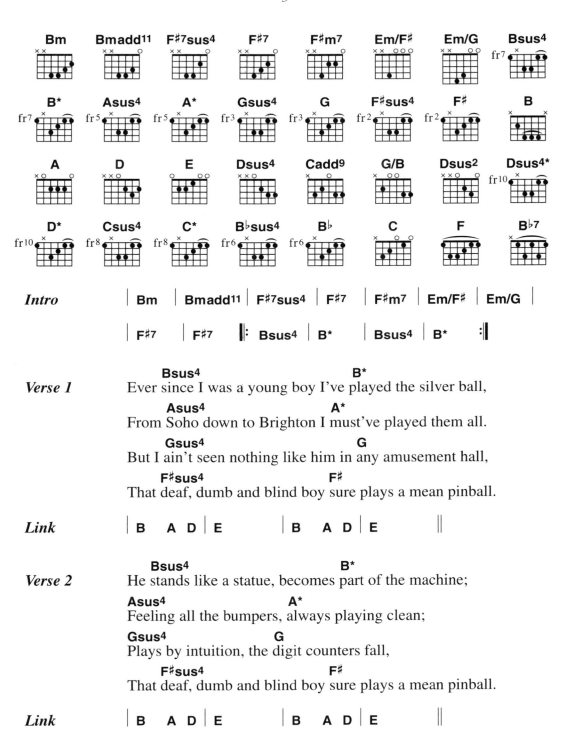

Intro

| Bm | Bmadd11 | F#7sus4 | F#7 | F#m7 | Em/F# | Em/G |

| F#7 | F#7 |‖: Bsus4 | B* | Bsus4 | B* :‖

Verse 1

    Bsus4   B*
Ever since I was a young boy I've played the silver ball,
      Asus4   A*
From Soho down to Brighton I must've played them all.
     Gsus4   G
But I ain't seen nothing like him in any amusement hall,
     F#sus4   F#
That deaf, dumb and blind boy sure plays a mean pinball.

Link

| B A D | E | B A D | E ‖

Verse 2

    Bsus4   B*
He stands like a statue, becomes part of the machine;
Asus4   A*
Feeling all the bumpers, always playing clean;
Gsus4   G
Plays by intuition, the digit counters fall,
    F#sus4   F#
That deaf, dumb and blind boy sure plays a mean pinball.

Link

| B A D | E | B A D | E ‖

Bridge 1

    E F♯ B   E F♯ B
He's a pin - ball wizard, there has to be a twist,

   E F♯ B   G   D   Dsus⁴ D
A pin - ball wizard's got such a supple wrist.

D   Cadd⁹ G/B D   Cadd⁹ G/B
How do you think   he   does it? (I don't know)

D   Cadd⁹ G/B D
What makes him   so   good?

Verse 3

Bsus⁴   B*
Ain't got no distractions, can't hear no buzzers or bells.

Asus⁴   A*
Don't see lights a-flashing, plays by the sense of smell;

Gsus⁴   G
Always gets a 'replay', never tilts at all;

   F♯sus⁴   F♯
That deaf, dumb and blind boy sure plays a mean pinball.

Link

| B A D | E | B A D | E   ‖

Bridge 2

  E   F♯ B   E   F♯   B
I thought I   was the bally-table king

   E F♯ B   G   D   Dsus⁴ D
But I just handed my pinball crown to him.

Link

‖: Dsus⁴* | D* | Dsus⁴* | D* :‖

Verse 4

Dsus⁴*   D*
Even at my favourite table he can beat my best,

  Csus⁴   C*
His disciples lead him in, and he just does the rest,

  B♭sus⁴   B♭
He's got crazy flipper fingers, never see him fall,

  Asus⁴   A*
That deaf, dumb and blind boy sure plays a mean pinball.

Coda

| D C F ‖: B♭⁷ | B♭⁷ :‖ *Repeat to fade*

No Woman, No Cry

Words & Music by Bob Marley & Vincent Ford

| C | C/B | Am | F | G | Em | Dm | Cadd⁹ |

Capo first fret

Intro ‖: C C/B │ Am F │ C F │ C G :‖

Chorus 1

    C   C/B   Am F
No woman, no cry,

    C   F   C   G
No woman, no cry,

    C   C/B   Am F
No woman, no cry,

    C   F   C   G
No woman, no cry.

Verse 1

              C   C/B   Am   F
Say, say,   said I remember when we used to sit

   C   C/B   Am   F
In the government yard in Trenchtown,

   C   C/B   Am   F
Oba-observing the hypocrites

           C   G/B   Am   F
As they   would mingle with the good people we meet.

   C   C/B   Am   F
Good friends we have had, oh good friends we've lost

   C C/B   Am F
Along the way.

   C   C/B   Am   F
In this bright future you can't forget your past,

   C   C/B Am F
So dry your tears, I say,   and

Chorus 2

C C/B   Am F
No woman, no cry,
C F   C G
No woman, no cry,
C C/B   Am   F
Here little darlin', don't shed no tears,
C F   C G
No woman, no cry.

Verse 2

     C   C/B Am   F
Said, said, said I remember when we used to sit
C   C/B   Am   F
In the government yard in Trenchtown,
C   C/B   Am   F
And then Georgie would make the fire light
     C   C/B   Am F
As it was log wood burnin' through the night.
C   C/B   Am   F
Then we would cook corn meal porridge
C   C/B   Am F
Of which I'll share with you.
C C/B   Am   F
My feet is my only carriage
C   C/B   Am F
So I've got to push on through.

Bridge

  C   C/B
‖:   Ev'rything's gonna be alright,
Am   F G
Ev'rything's gonna be alright. :‖ *Play 4 times*

Chorus 3

   C   C/B Am F
No woman, no cry, —
     C   F   C G
No, no woman, no woman, no cry.
C   C/B Am   F
Oh, little sister, don't shed no tears,
C F   C G
No woman, no cry.

Solo   ‖: C C/B | Am F | C F | C G :‖ *Play 4 times*

Verse 3

        C   G/B   Am   F
Said, said,   said I remember when we used to sit

C   G/B   Am   F
  In the government yard in Trenchtown,

C   G/B   Am   F
  And then Georgie would make the fire light

          C   G/B   Am   F
As it was   log wood burnin' through the night.

C   G/B   Am   F
  Then we would cook corn meal porridge

C   G/B   Am F
  Of which I'll share with you.

C   G/B   Am   F
  My feet is my only carriage

C   G/B   Am
  So I've got to push on through,

 F   G
But while I'm gone I mean.

Chorus 4

C   G/B   Am F
  No woman, no cry,

C   F   C   G
  No woman, no cry,

C   G/B   Am   F
  Oh c'mon little darlin', say don't shed no tears,

C   F   C   G
  No woman, no cry,   yeah!

Chorus 5

C   G/B Am   F
  (Little darlin', don't shed no tears,

C   F   C   G
  No woman, no cry.

C   F   C   C
  Little sister, don't shed no tears,

 F   C   G
No woman, no cry.)

Coda

| C G/B | Am F | C F | C G |

| C G/B | Am F | C F Em Dm | C add⁹ ‖

120

Prettiest Eyes

Words & Music by Paul Heaton & Dave Rotheray

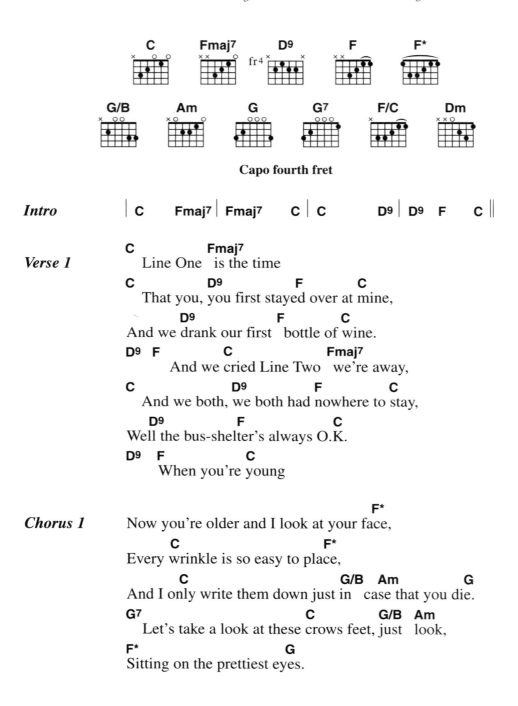

Capo fourth fret

Intro || C   Fmaj7 | Fmaj7   C | C   D9 | D9   F   C ||

Verse 1

    C   Fmaj7
    Line One   is the time
    C   D9   F   C
    That you, you first stayed over at mine,
           D9   F   C
And we drank our first bottle of wine.
    D9 F   C   Fmaj7
    And we cried Line Two we're away,
    C   D9   F   C
    And we both, we both had nowhere to stay,
    D9   F   C
Well the bus-shelter's always O.K.
    D9 F   C
    When you're young

Chorus 1

                                 F*
Now you're older and I look at your face,
         C   F*
Every wrinkle is so easy to place,
         C   G/B Am   G
And I only write them down just in case that you die.
G7   C   G/B Am
    Let's take a look at these crows feet, just look,
F*   G
Sitting on the prettiest eyes.

cont.

C   Am
Sixty twenty-fifth of Decembers,

F*   G
Fifty-nine fourth of Julys.

F*   G
Not through the age or the failure, children,

C   Am
Not through the hate or despise,

G/B C   G/B Am
  Take a good look at these crows feet

G   (C)
Sitting on the prettiest eyes.

| C Fmaj7 | Fmaj7 C | C   D9 | D9 F C ||
                         (The)

Verse 2

C   Fmaj7
The Line Three I forget,

C   D9   F   C
 But I think, I think it was our first ever bet,

    D9   F   C
And the horse we backed was short of a leg,

D9 F C
 Never mind.

   Fmaj7
Four in a park,

C   D9   F   C
 And the things, the things that people do in the dark,

    D9   F   C
I could hear the faintest beat of your heart.

D9 F   C
 Then we did.

Chorus 2

              F*
Now you're older and I look at your face,

   C   F*
Every wrinkle is so easy to place,

    C   G/B Am   G
And I only write them down just in case you should die.

G7   C   G/B Am
 Let's take a look at these crows feet, just look,

F*   G
Sitting on the prettiest eyes.

C   Am
Sixty twenty-fifth of Decembers,

F*   G
Fifty-nine fourth of Julys.

cont.

      F*   **G**
You can't have too many good times, children,

      C   **Am**
You can't have too many lines,

G/B **C**   **Am**
    Take a good look at these crows feet

G   **(C)**
Sitting on the prettiest eyes.

  | **C**   **Fmaj7** | **Fmaj7**   **C** | **C**   **D9** | **D9** **F**   **C** ‖
                                                 (Well my)

Verse 3

F   **C**   **F**   **C**
Well my eyes look like a map of the town,

     F/C **C**   **F**   **C**
And my teeth are yellow or they're brown,

       Dm   **G**   **C**
But you'll never hear the crack of a frown

        G/B **Am**
When you are here,

     F   **G**
You'll never hear the crack

     C
Of a frown,

Fmaj7   **C**
  Of a frown,

D9 **F**   **C**
    Of a frown,

Fmaj7   **(C)**
  Of a frown,

  | **C**   **D9** | **D9** **F**   **C** | **C**   ‖

Redemption Song

Words & Music by Bob Marley

G　　C　　Em　　G/B　　Am　　D　　D7/A

Intro　　‖: (G)　│ (C) (G)　│ (G)　　│ (C) (G) :‖

Verse 1

　　　　　　G　　　　　　　　Em
Old pirates yes they rob I,

　　　　C　　　　　G/B　　　Am
Sold I to the merchant ships,

　　　G　　　　　　　　　　Em
　　Minutes after they took I

　　C　　　　　G/B　　　Am
　　From the bottomless pit.

　　　　　　G　　　　Em
But my hand was made strong

　　C　　　　G/B　　　　Am
　　By the hand of the Almighty,

　　　　G　　　　　　　　Em
We forward in this generation

　　C　　　　　D
　　Triumphantly.

Chorus 1

　　　　　　　　　　G　　C　　　D　　　　G
Won't you help to sing　these songs of freedom?

　　　　　　C　　D　　　　Em C　　D　　G
　　'Cause all I ever had:　　　redemption songs,

　　C　　D　　　　G　　　C D
　　Redemption songs

Verse 2

　　　　　　　　G　　　　　　　　　　Em
Emancipate yourselves from mental slavery,

　　　　　　　　C　　　G/B　　Am
None but ourselves can free our minds.

　　　　　　G　　　　　　Em
Have no fear for atomic energy

　　　　　　　　　C　　　G/B　　Am
'Cause none of them can stop the time.

124

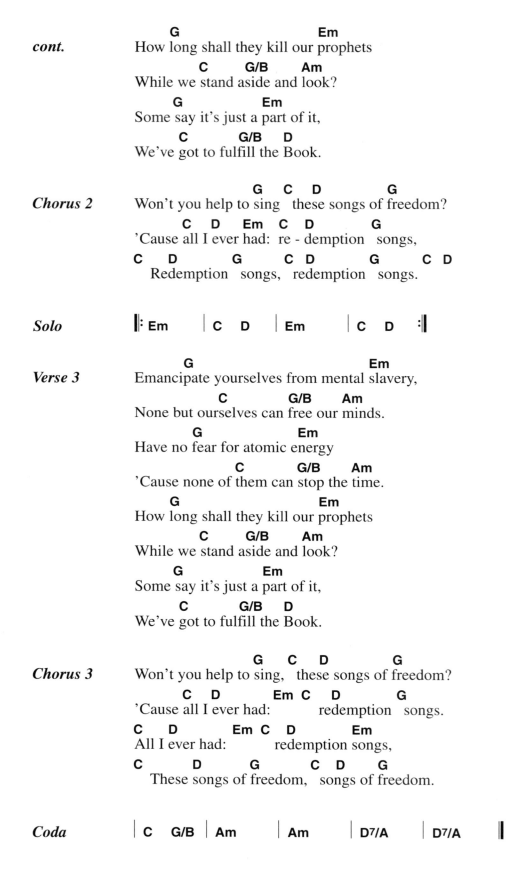

cont.

```
              G                    Em
How long shall they kill our prophets
              C      G/B    Am
While we stand aside and look?
              G              Em
Some say it's just a part of it,
              C        G/B    D
We've got to fulfill the Book.
```

Chorus 2

```
                        G   C   D        G
Won't you help to sing   these songs of freedom?
              C   D   Em  C   D       G
'Cause all I ever had:  re - demption  songs,
C    D       G        C  D         G       C  D
  Redemption  songs,  redemption  songs.
```

Solo

```
‖: Em      | C   D  | Em        | C   D  :‖
```

Verse 3

```
              G                         Em
Emancipate yourselves from mental slavery,
              C        G/B    Am
None but ourselves can free our minds.
              G              Em
Have no fear for atomic energy
                C      G/B    Am
'Cause none of them can stop the time.
              G                Em
How long shall they kill our prophets
              C      G/B    Am
While we stand aside and look?
              G              Em
Some say it's just a part of it,
              C      G/B    D
We've got to fulfill the Book.
```

Chorus 3

```
                        G   C   D        G
Won't you help to sing,   these songs of freedom?
              C   D      Em  C   D       G
'Cause all I ever had:        redemption  songs.
C    D      Em  C   D        Em
All I ever had:        redemption songs,
C        D       G        C  D     G
  These songs of freedom,  songs of freedom.
```

Coda

```
| C   G/B | Am      | Am       | D7/A    | D7/A     ‖
```

125

Rotterdam

Words & Music by Paul Heaton & David Rotheray

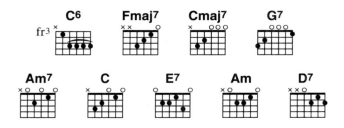

Intro

‖: C6 Fmaj7 | Cmaj7 Fmaj7 | C6 Fmaj7 | Cmaj7 Fmaj7 :‖

Verse 1

          C6   Fmaj7
And the women tug their hair

          Cmaj7   Fmaj7   C6 Fmaj7 Cmaj7 Fmaj7
Like they're tryin' to prove it won't fall out.

     C6   Fmaj7
And all the men are gargoyles,

        Cmaj7 Fmaj7   C6 Fmaj7 Cmaj7 Fmaj7
Dipped long in __ Irish stout.

    G7
The whole place is pickled,

                  Am7
The people are pickles for sure,

    G7
And no-one knows if they've done more here

        C   E7
Than they ever would do in a jar.

Chorus 1

            Am   C
This could be Rotterdam or anywhere,

Am   C
Liverpool or Rome,

     Am   C
'Cause Rotterdam is anywhere,

D7   G7
Anywhere alone,

        C6 Fmaj7 | Cmaj7 Fmaj7 | C6 Fmaj7 | Cmaj7 Fmaj7 ‖
Anywhere alone.

Verse 2

        C6   **Fmaj7**
And everyone is blonde

      Cmaj7   **Fmaj7**   **C6 Fmaj7 Cmaj7 Fmaj7**
And everyone is beautiful.

         C6   **Fmaj7**
And when blonde and beautiful are multiple

       Cmaj7   **Fmaj7**   **C6 Fmaj7 Cmaj7 Fmaj7**
They become so dull and dutiful.

       G7
And when faced with dull and dutiful,

               Am7
They fire red warning flares.

      G7   **C**   **E7**
Battle-Khaki personality with red underwear.

Chorus 2   As Chorus 1

Verse 3 | **C6 Fmaj7** | **Cmaj7 Fmaj7** | **C6 Fmaj7** | **Cmaj7 Fmaj7** |

G7
The whole place is pickled,

                Am7
The people are pickles for sure,

  G7
And no-one knows if they've done more here

     C   **E7**
Than they ever would do in a jar.

Chorus 3

             Am   **C**
This could be Rotterdam or anywhere,

Am   **C**
Liverpool or Rome,

     Am   **C**   **D7**   **G7**
'Cause Rotterdam is anywhere, anywhere alone.

Chorus 4

             Am   **C**
This could be Rotterdam or anywhere,

Am   **C**
Liverpool or Rome,

     Am   **C**   **D7**   **G7**
'Cause Rotterdam is anywhere, anywhere alone.

        C6 Fmaj7 | **Cmaj7 Fmaj7** |
Anywhere alone.   Anywhere alo -

‖: **C6 Fmaj7** | **Cmaj7 Fmaj7**   :‖
-ne.   Anywhere alo -

Romeo And Juliet

Words & Music by Mark Knopfler

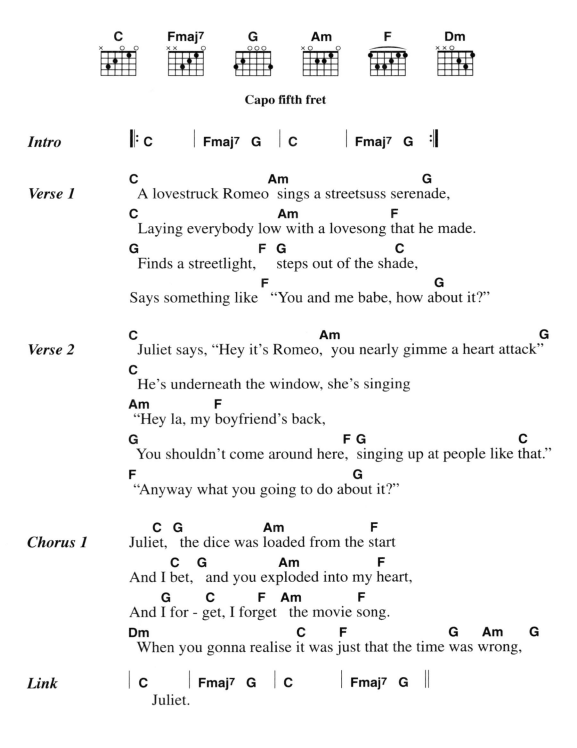

Capo fifth fret

Intro

‖: C | Fmaj⁷ G | C | Fmaj⁷ G :‖

Verse 1

C   Am   G
A lovestruck Romeo sings a streetsuss serenade,
C   Am   F
Laying everybody low with a lovesong that he made.
G   F G   C
Finds a streetlight, steps out of the shade,
             F   G
Says something like "You and me babe, how about it?"

Verse 2

C   Am   G
Juliet says, "Hey it's Romeo, you nearly gimme a heart attack"
C
He's underneath the window, she's singing
Am   F
"Hey la, my boyfriend's back,
G   F G   C
You shouldn't come around here, singing up at people like that."
F   G
"Anyway what you going to do about it?"

Chorus 1

    C G   Am   F
Juliet, the dice was loaded from the start
      C G   Am   F
And I bet, and you exploded into my heart,
     G   C   F Am   F
And I for - get, I forget the movie song.
Dm   C F   G Am G
When you gonna realise it was just that the time was wrong,

Link

| C | Fmaj⁷ G | C | Fmaj⁷ G ‖
Juliet.

Verse 3

C   Am   G
Come up on different streets, they both were streets of shame,
C   Am   F
Both dirty, both mean, yes and the dream was just the same.
G   F   G   C
And I dreamed your dream for you and now your dream is real.
F
How can you look at me as if I was
G
Just another one of your deals?

Verse 4

                   C   G
When you can fall for chains of silver,
Am   G
You can fall for chains of gold,
C   Am   F   G
You can fall for pretty strangers   and the promises they hold.
                                  F G   C
You promised me everything,   you promised me thick and thin,
F
Now you just say, "Oh Romeo, yeah, you know,
  G
I used to have a scene with him."

Chorus 2

       C G   Am   F
Juliet,   when we made love you used to cry.
               C   G   Am   F
You said "I love you like the stars above, I'll love you till I die."
G   C   F Am   F
There's a place for us,   you know the movie song,
Dm   C   F   G   Am   G
When you gonna realise it was just that the time was wrong,

Juli-(et.)

Link

| C | Fmaj⁷ G | C | Fmaj⁷ G ‖
-et

Verse 5

C   Am   G
I can't do the talk   like they talk on TV,
C   Am   F
And I can't do a love song   like the way it's meant to be,
G   F   G   C
I can't do everything but I'd do anything for you,
F   G
I can't do anything except be in love with you.

129

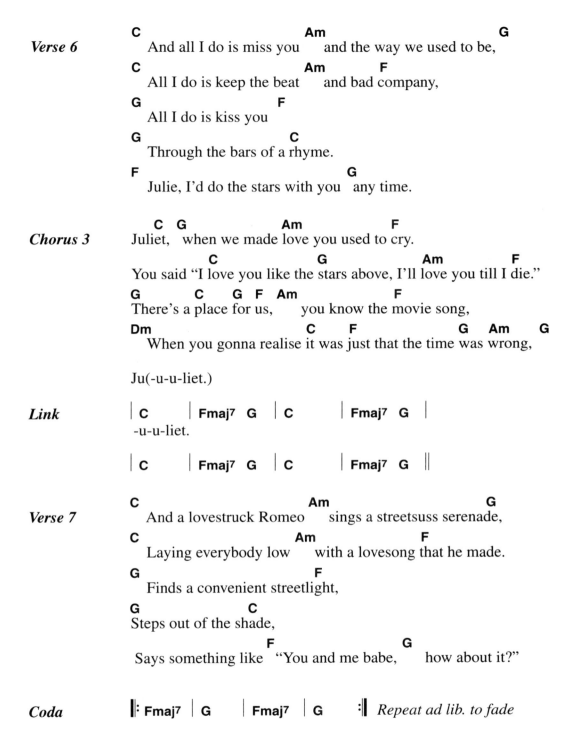

Verse 6

  C   Am   G
  And all I do is miss you and the way we used to be,

  C   Am   F
  All I do is keep the beat and bad company,

  G   F
  All I do is kiss you

  G   C
  Through the bars of a rhyme.

  F   G
  Julie, I'd do the stars with you any time.

Chorus 3

    C G   Am   F
  Juliet, when we made love you used to cry.

        C   G   Am   F
  You said "I love you like the stars above, I'll love you till I die."

  G   C G F Am   F
  There's a place for us, you know the movie song,

  Dm   C   F   G Am   G
  When you gonna realise it was just that the time was wrong,

  Ju(-u-u-liet.)

Link

  | C | Fmaj⁷ G | C | Fmaj⁷ G |
  -u-u-liet.

  | C | Fmaj⁷ G | C | Fmaj⁷ G ‖

Verse 7

  C   Am   G
  And a lovestruck Romeo sings a streetsuss serenade,

  C   Am   F
  Laying everybody low with a lovesong that he made.

  G   F
  Finds a convenient streetlight,

  G   C
  Steps out of the shade,

              F   G
  Says something like "You and me babe, how about it?"

Coda

  ‖: Fmaj⁷ | G | Fmaj⁷ | G :‖ *Repeat ad lib. to fade*

130

Runaway

Words & Music by Andrea Corr, Caroline Corr, Sharon Corr & Jim Corr

| F | Gm | B♭ | Dm | C7 | F/A | C | Fsus4 | G |

Intro $\frac{6}{8}$ F | F | F | F   ‖

Verse 1

    F   Gm   B♭
Say it's true,

                F   Gm   B♭
There's nothing like me and you.

    F   Gm   B♭
I'm not alone,

          F   Gm   B♭
Tell me you feel it too.

Pre-chorus 1

                Dm   B♭
And I would run away_____

       Gm   C7
I would run away,_____ yeah, yeah.

       Dm   B♭
I would runaway_____

       Gm   C7   B♭
I would runaway with you.

Chorus 1

            F   Gm   B♭
'Cause I _____ have fallen in

    F   Gm   B♭   F
Love _____ with you

       Gm   B♭
No, never -

                F/A   Gm   B♭   C   F   Fsus4   F   Fsus4
I'm never gonna stop falling in love with you.

Verse 2

    F   Gm B♭
Close the door,

          F   Gm   B♭
Lay down upon the floor_____

      F   Gm B♭
And by candlelight,

         F   Gm B♭
Make love to me through the night.

Pre-chorus 2

          Dm   B♭
'Cause I have run away_____

   Gm   C7
I have runaway, yeah, yeah.

   Dm   B♭
I have runaway, runaway_____

   Gm   C7 B♭
I have runaway with you.

Chorus 2   As Chorus 1

Link | F | Gm | B♭ |

C   F   Gm B♭   C
With you _____

          Dm   B♭
And I would runaway_____

   Gm   C7
I would runaway, yeah, yeah

   Dm   Gm
I would runaway_____

             C7 B♭
I would runaway with you.

Chorus 3

       F **Gm** **B♭**
Cause I _____ have fallen in

F   **Gm** **B♭**   **F**
Love_____ with you

     Gm   **B♭**
No, never -

               F/A **Gm**   **B♭**
I'm never gonna stop falling in love

C   **F**   **Gm** **B♭**
With you ____

          F **Gm** **B♭**   **F**
Falling in love _____ with you

     Gm   **B♭**
No, never -

               F/A **Gm**   **B♭**
I'm never gonna stop falling in love

C   **F** **G** **B♭**
With (you).

Coda

    C   **Dm** **G** **B♭**
With you ____

    C   **F**   **G** **B♭** **C** **Dm** **G** **B♭**
With you ____

    C   **F**   **G** **B♭** **C** **Dm** **G** **B♭**
With you ____

    C   **F**
With you.   *to fade*

Sisters Of Mercy

Words & Music by Leonard Cohen

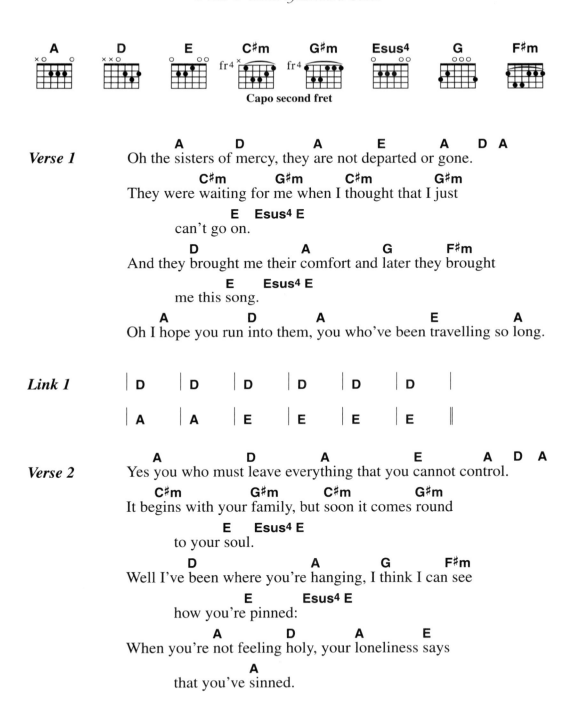

Capo second fret

Verse 1

      A   D   A   E   A   D A
Oh the sisters of mercy, they are not departed or gone.
      C♯m   G♯m   C♯m   G♯m
They were waiting for me when I thought that I just
      E Esus4 E
can't go on.
      D   A   G   F♯m
And they brought me their comfort and later they brought
      E   Esus4 E
me this song.
     A   D   A   E   A
Oh I hope you run into them, you who've been travelling so long.

Link 1

| D | D | D | D | D | D | |
| A | A | E | E | E | E | |

Verse 2

     A   D   A   E   A   D A
Yes you who must leave everything that you cannot control.
     C♯m   G♯m   C♯m   G♯m
It begins with your family, but soon it comes round
      E   Esus4 E
to your soul.
      D   A   G   F♯m
Well I've been where you're hanging, I think I can see
         E   Esus4 E
how you're pinned:
      A   D   A   E
When you're not feeling holy, your loneliness says
      A
that you've sinned.

Link 2   *As Link 1*

Verse 3

        A   D   A   E
Well they lay down beside me, I made my confession
      A   D A
to them.
    C#m   G#m   C#m   G#m
They touched both my eyes and I touched the dew
        E   Esus4 E
     on their hem.
      D   A   G   F#m   E   Esus4 E
If your life is a leaf that the seasons tear off and condemn
         A   D   A   E   A
They will bind you with love that is graceful and green as a stem.

Link 3   *As Link 1*

Verse 4

        A   D   A   E
When I left they were sleeping, I hope you run into
      A   D A
them soon.
    C#m   G#m   C#m   G#m
Don't turn on the lights, you can read their address
        E   Esus4 E
     by the moon.
      D   A   G
And you won't make me jealous if I hear that they
    F#m   E   Esus4 E
sweetened your night:
        A   D   A   E
We weren't lovers like that and besides it would still
      A   D E
be all right,
        A   D   A   E
We weren't lovers like that and besides it would still
      A
be all right.

Something Changed

Words by Jarvis Cocker
Music by Pulp

G   Gsus4   G2   Bm   C   D   E   Am7   Dsus4

Intro   ‖: G   Gsus4 G   G2 | G   Gsus4 G   :‖

Verse 1
G   Bm   C
I wrote this song two hours before we met,
G   Bm   C
I didn't know your name or what you looked like yet.
              D   Bm   E
I could have stayed at home and gone to bed,
C   D   Bm   E
I could have gone to see a film instead.
Bm   E   Am7   D
You might have changed your mind and seen your friends,
Bm   E   Am7   D
Life could have been very diff'rent but then
Am7   D   Dsus4 D
Something changed.

‖: G   Gsus4 G   G2 | G   Gsus4 G   :‖

Verse 2
                         Bm   C
Do you believe that there's someone up above?
G   Bm   C
And does he have a timetable directing acts of love?
              D   Bm   E
Why did I write this song on that one day?
C   D   Bm   E
Why did you touch my hand and softly say
Bm   E   Am7 D
"Stop asking questions that don't matter any - way,
Bm   E   Am7   D
Just give us a kiss to celebrate here today."
Am7   D   Dsus4 D
Something changed.

```
     | G      Gsus4 G    G2 | G      Gsus4 G          ||
```

Instrumental ‖: G | G | Bm | C   :‖

Verse 3
                      C   **D**
When we woke up that morning
        Bm   **E**
We had no way of knowing,
               C   **D**
That in a matter of hours
        Bm   **E**
We'd change the way we were going,
Bm   **E**
  Where would I be now?
Bm   **E**
  Where would I be now
        Am7 **D**
If we'd never met?
Bm   **E**
  Would I be singing this song
     Am7   **D**
To someone else instead?
        Am7   **D**   **Dsus4 D**
I don't know, but like you just said,
G
  Something changed.

Space Oddity

Words & Music by David Bowie

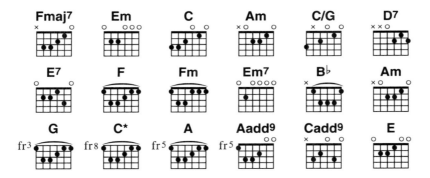

Intro

fade in

𝄆 **Fmaj⁷** | **Em** 𝄇

C   **Em**
Ground Control to Major Tom,
C   **Em**
Ground Control to Major Tom,
Am   **C/G**   **D⁷**
Take your protein pills and put your helmet on.
C   **Em**
Ground Control to Major Tom,
C   **Em**
Commencing countdown, engines on.
Am   **C/G**   **D⁷**
Check ignition and may God's love be with you.

Link   *(Sound f/x)*

Verse 1

    C   **E⁷**
This is Ground Control to Major Tom,

                     F
You've really made the grade.

         Fm   **C**   **F**
And the papers want to know whose shirts you wear.

         Fm   **C**   **F**
Now it's time to leave the capsule if you dare.

Verse 2

    C   **E⁷**
"This is Major Tom to Ground Control,

                  F
I'm stepping through the door.

         Fm   **C**   **F**
And I'm floating in a most peculiar way,

         Fm   **C**   **F**
And the stars look very different today."

Bridge 1

        Fmaj⁷   **Em⁷**
"For here am I sitting in a tin can,

  Fmaj⁷   **Em⁷**
Far above the world.

  B♭   **Am**
Planet Earth is blue,

         G   **F**
And there's nothing I can do."

Link 2

| **C* F G A** | **C* F G A** ‖

| **Fmaj⁷** | **Em⁷** | **Aadd⁹** | **Cadd⁹** | **D⁷** | **E** | ‖

Verse 3

      C   E⁷

"Though I'm past one hundred thousand miles,

              F

I'm feeling very still.

       Fm   C   F

And I think my spaceship knows which way to go.

       Fm   C   F

Tell my wife I love her very much" – She knows.

Verse 4

      G   E⁷

Ground Control to Major Tom,

        Am   C/G

Your circuit's dead, there's something wrong.

        D⁷

Can you hear me, Major Tom?

       C

Can you hear me, Major Tom?

       G

Can you hear me, Major Tom? Can you...

Bridge 2

Fmaj⁷   Em⁷

"Here am I floating round my tin can,

Fmaj⁷   Em⁷

Far above the Moon.

B♭   Am

Planet Earth is blue,

      G   F

And there's nothing I can do."

| C* F G A | C* F G A ‖

to fade

Coda
  | Fmaj⁷ | Em⁷ | Aadd⁹ | Cadd⁹ | D⁷ ‖: E :‖

Starman

Words & Music by David Bowie

Intro ‖: B♭(♯11)/A | | Fmaj7 | :‖

Verse 1

Gm
Didn't know what time it was,

The lights were low-ow-ow.

F
   I lean back on my radio-o-o,

C   C7
   Some cat was laying down some rock'n'roll,

              F A♭ B♭
'Lotta soul', he said.

Verse 2

Gm
   Then the loud sound did seem to fa-a-ade

F
   Came back like a slow voice on a wave of pha-a-ase

C   C7   A G
Then weren't no D.J. that was hazy cosmic jive.

Chorus 1

       F   **Dm**
There's a starman waiting in the sky –

    Am   **C**
He'd like to come and meet us

    C7
But he thinks he'd blow our minds.

        F   **Dm**
There's a starman waiting in the sky –

    Am   **C**
He's told us not to blow it

    C7
'Cause he knows it's all worthwhile,

He told me:

B♭*   **B♭m**   **F**   **D7**
  "Let the children lose it, let the children use it,

Gm   **C**
  Let all the children boogie."

Link 1 | **B♭*** | **F** | **C** | **F** | **B♭*** | **F** | **C** ‖

Verse 3

   Gm
  Well I had to phone someone so I picked on you-ou-ou,

F
  Hey that's far out! so you heard him too-oo-oo.

C   **C7**   **F A♭ B♭**
  Switch on the T.V. we may pick him up on Channel 2.

Verse 4

Gm
  Look out your window I can see his li-i-ight,

F
  If we can sparkle he may land toni-i-ight,

C   C⁷   A G
  Don't tell your papa or he'll get us locked up in fright.

Chorus 2   *As Chorus 1*

Chorus 3

F   Dm
  Starman waiting in the sky –

    Am   C
He'd like to come and meet us

    C⁷
But he thinks he'd blow our minds.

          F   Dm
There's a starman waiting in the sky –

    Am   C
He's told us not to blow it

       C⁷
'Cause he knows it's all worthwhile,

He told me:
B♭*   B♭m   F   D⁷
  "Let the children lose it, let the children use it,

Gm   C
  Let all the children boogie."

Coda | B♭* | F | C | F   ‖

B♭*   F   C   F
La la la la la, la la la la, la la la la, la la la la *(to fade)*

Substitute

Words & Music by Pete Townshend

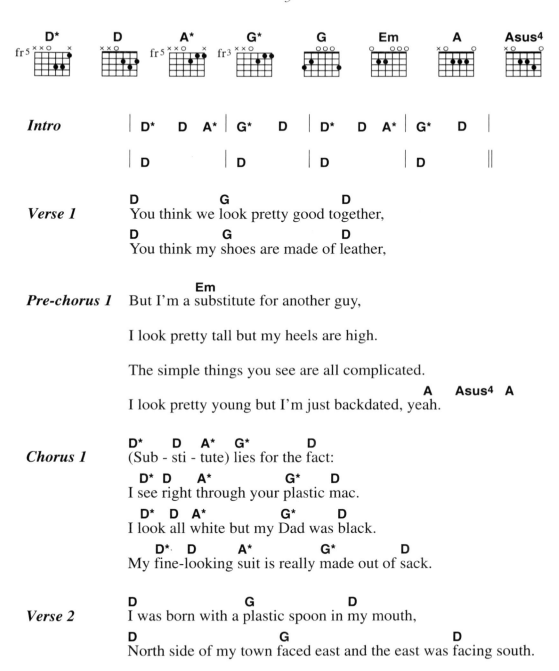

Intro

| D* | D | A* | G* | D | | D* | D | A* | G* | D |

| D | | D | | D | | D |

Verse 1

D   G   D
You think we look pretty good together,
D   G   D
You think my shoes are made of leather,

Pre-chorus 1

                   Em
But I'm a substitute for another guy,

I look pretty tall but my heels are high.

The simple things you see are all complicated.

                                             A   Asus⁴   A
I look pretty young but I'm just backdated, yeah.

Chorus 1

D*   D   A*   G*   D
(Sub - sti - tute) lies for the fact:
    D*   D   A*   G*   D
I see right through your plastic mac.
    D*   D   A*   G*   D
I look all white but my Dad was black.
       D*   D   A*   G*   D
My fine-looking suit is really made out of sack.

Verse 2

D   G   D
I was born with a plastic spoon in my mouth,
D   G   D
North side of my town faced east and the east was facing south.

Em

Pre-chorus 2   And now you dare to look me in the eye

But crocodile tears are what you cry.

If it's a genuine problem you won't try

To work it out at all, just pass it by,

A   Asus⁴   A
Pass it by.

Chorus 2

D*   D   A*   G*   D
(Sub - sti - tute) me for him,

D*   D   A*   G*   D
(Sub - sti - tute) my Coke for gin.

D*   D   A*   G*   D
(Sub - sti - tute) you fooled my Mum,

D*   D   A*   G*   D
At least I'll get my washing done.

Solo   ‖: D | G | D | D   :‖

Pre-chorus 3   As Pre-chorus 1

Link   ‖: D*   D   A* | G*   D | D*   D   A* | G*   D   :‖

Verse 3   As Verse 2

Pre-chorus 4   As Pre-chorus 2

Chorus 3   As Chorus 2

Chorus 4   As Chorus 1

145

Suzanne

Words & Music by Leonard Cohen

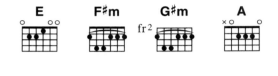

Intro | E | E | E | E ‖

Verse 1

    E
Suzanne takes you down to her place near the river:
    F♯m
You can hear the boats go by,

You can spend the night beside her,
     E
And you know that she's half crazy

But that's why you want to be there,
     G♯m
And she feeds you tea and oranges
       A
That come all the way from China,
     E
And just when you mean to tell her
     F♯m
That you have no love to give her
     E
Then she gets you on her wavelength
     F♯m
And she lets the river answer
      E
That you've always been her lover.

Chorus 1

            G♯m
And you want to travel with her,

        A
And you want to travel blind,

        E
And you know that she will trust you

          F♯m   **E**
For you've touched her perfect body with your mind.

Link 1 | **E** | **E**   ‖
(mind.)

Verse 2

       E
And Jesus was a sailor

When he walked upon the water,

       F♯m
And he spent a long time watching

From his lonely wooden tower,

       E
And when he knew for certain

Only drowning men could see him,

       G♯m
He said, "All men will be sailors then

    A
Until the sea shall free them."

    E
But he himself was broken

       F♯m
Long before the sky would open:

    E
Forsaken, almost human,

    F♯m   **E**
He sank beneath your wisdom like a stone.

Chorus 2

        G♯m
And you want to travel with him,

       A
And you want to travel blind,

       E
And you think maybe you'll trust him

      F♯m   **E**
For he's touched your perfect body with his mind.

Link 2

   | **E** | **E**   ‖
(mind.)

Verse 3

      E
Now Suzanne takes your hand

And she leads you to the river.

     F♯m
She is wearing rags and feathers

From Salvation Army counters,

     E
And the sun pours down like honey

On our lady of the harbour,

     G♯m
And she shows you where to look

      A
Among the garbage and the flowers:

     E
There are heroes in the seaweed,

     F♯m
There are children in the morning,

     E
They are leaning out for love

     F♯m
And they will lean that way forever,

     E
While Suzanne holds the mirror.

Chorus 3

              G♯m
And you want to travel with her,

              A
And you want to travel blind,

              E
And you know that you can trust her

              F♯m   **E**
For she's touched your perfect body with her mind.

Coda | **E** | **E**   ‖
(mind.)

Tears In Heaven

Words & Music by Eric Clapton & Will Jennings

Intro

| A   E/G♯ | F♯m7 F♯m7/E | D/F♯   E7sus4 E7 | A |

Verse 1

A   E/G♯   F♯m7 F♯m7/E
Would I know your name

D/F♯ A/E   E
If I   saw you in heaven?

A   E/G♯ F♯m7 F♯m7/E
Would it be the same

D/F♯ A/E   E
If I   saw you in heaven?

Chorus 1

F♯m   C♯/E♯
I must be strong

A7/E   F♯7
  And carry on,

       Bm7   Bm7/E
'Cause I know I don't belong

     A
Here in heaven.

Link

| A   E/G♯ | F♯m7 F♯m7/E | D/F♯   E7sus4 E7 | A |

Verse 2

   A   E/G#   F#m7 F#m7/E
Would you hold my hand

D/F# A/E   E
If I   saw you in heaven?

   A   E/G# F#m7 F#m7/E
Would you help me stand

D/F# A/E   E
If I   saw you in heaven?

Chorus 2

F#m   C#/E#
I'll find my way

A7/E   F#7
Through night and day

       Bm7   Bm7/E
'Cause I know I just can't stay

        A
Here in heaven.

Link

| A   E/G# | F#m7 F#m7/E | D/F# E7sus4 E7 | A | ||

Bridge

C   G/B   Am
Time can bring you down,

          D/F#   G   D/F# Em D/F# G
Time can bend your knees.

C   G/B   Am
Time can break your heart,

          D/F#   G   D/F#
Have you beggin' please,

        E
Beggin' please.

Solo

||: A   E/G# | F#m7 F#m7/E | D/F# A/E | E   E7 :||

Chorus 3

F#m   C#/E#
Beyond the door

A7/E   F#7
There's peace I'm sure

      Bm7   Bm7/E
And I know there'll be no more

       A
Tears in heaven.

Verse 3

    A   E/G♯   F♯m7 F♯m7/E
Would you know my name

D/F♯ A/E   E
If I   saw you in heaven?

    A   E/G♯ F♯m7 F♯m7/E
Would you be the same

D/F♯ A/E   E
If I   saw you in heaven?

Chorus 4

F♯m   C♯/E♯
I must be strong

A7/E   F♯7
And carry on,

           Bm7   Bm7/E
'Cause I know I don't belong

         A
Here in heaven.

Link

| A   E/G♯ | F♯m7 F♯m7/E ‖

           Bm7   Bm7/E
'Cause I know I don't belong

         A
Here in heaven.

Coda

| A   E/G♯ | F♯m7 F♯m7/E | A/E   E7sus4 E7 | A   ‖

That's Entertainment

Words & Music by Paul Weller

G   Em⁷   Em   Am⁷   Fmaj⁷

Capo third fret

Intro

| G | Em⁷ Em | G | Em⁷ Em |

| Am⁷ | Fmaj⁷ | G | Em⁷ Em ‖

Verse 1

G   Em⁷   Em
  A police car and a screaming siren,

G   Em⁷   Em
  Pneumatic drill and ripped up concrete.

G   Em⁷   Em
  A baby wailing, stray dog howling,

G   Em⁷   Em
  A screech of brakes, a lamp light blinking.

Am⁷   Fmaj⁷
That's entertainment,

Am⁷   Fmaj⁷ | G | Em⁷ Em ‖
That's entertainment.

Verse 2

G   Em⁷   Em
  A smash of glass and the rumble of _ boots,

G   Em⁷   Em
  An electric train and a _ ripped up _ phone booth.

G   Em⁷   Em
  Paint splattered walls and the cry of a tom cat,

G   Em⁷   Em
  Lights going out and a _ kick in the balls, I say:

Am⁷   Fmaj⁷
That's entertainment,

Am   Fmaj⁷
That's entertainment.

G   Em⁷   Em
Ah,   la la la la la,

G   Em⁷   Em
Ah,   la la la la la.

G   Em⁷   Em

Days of speed and slow time Mondays,

G   Em⁷   Em

Pissing down with rain on a boring Wednesday.

G   Em⁷   Em

Watching the news and not eating your tea,

G   Em⁷   Em

A freezing cold flat and damp on the walls, I say:

Am⁷   **Fmaj⁷**

That's entertainment,

Am⁷   **Fmaj⁷** | **G** | **Em⁷ Em** |

That's entertainment.

G | **Em⁷**   **Em**

La la la la la,

G | **Em⁷**   **Em**

La la la la la.

G   Em⁷   Em

Waking up at six a.m. on a cool warm morning,

G   Em⁷   Em

Opening the windows and breathing in petrol.

G   Em⁷ Em

An amateur band rehearsing in a nearby yard,

G   Em⁷   Em

Watching the telly and thinking about your holidays.

Am⁷   **Fmaj⁷**

That's entertainment,

Am⁷   **Fmaj⁷**

That's entertainment.

G **Em⁷**   **Em**

Ah, la la la la la,

G **Em⁷**   **Em**

Ah, la la la la la,

G **Em⁷**   **Em**

Ah, la la la la la,

Am⁷ Fmaj⁷

Ah, la la la la la.

| **G** | **Em⁷ Em** ‖

Verse 5

G   **Em7**   **Em**
Waking up from bad dreams and smoking cigarettes.

G   **Em7**   **Em**
Cuddling a warm girl and smelling stale perfume.

G   **Em7**   **Em**
A hot summer's day and sticky black tarmac,

G   **Em7**   **Em**
Feeding ducks in the park and wishing you were far away.

Am7   **Fmaj7**
That's entertainment,

Am7   **Fmaj7** | **G** | **Em7 Em** ‖
That's entertainment.

Verse 6

G   **Em7**   **Em**
Two lovers kissing amongst the screams of midnight,

G   **Em7**   **Em**
Two lovers missing the tranquility of solitude.

G   **Em7**   **Em**
Getting a cab and travelling on buses,

G   **Em7**   **Em**
Reading the graffiti about slashed seat affairs, I say:

Am7   **Fmaj7**
That's entertainment,

Am7   **Fmaj7**
That's entertainment.

‖: **G**   **Em7**   **Em**
  Ah, la la la la la,

G   **Em7**   **Em**
Ah, la la la la la,

G   **Em7**   **Em**
Ah, la la la la la,

Am7 Fmaj7   **Em**
Ah, la la la la la.   :‖ *Repeat to fade*

The Times They Are A-Changin'

Words & Music by Bob Dylan

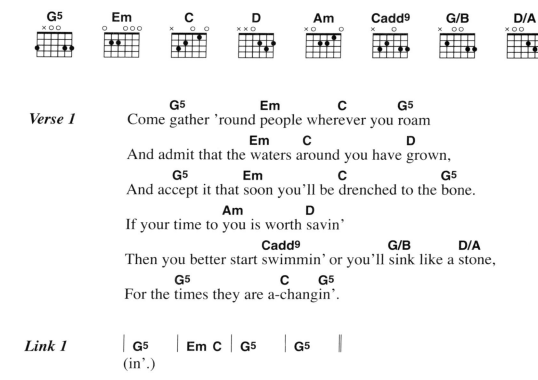

Verse 1

          G5   **Em**   **C**   **G5**
Come gather 'round people wherever you roam

                   Em   **C**   **D**
And admit that the waters around you have grown,

          G5   **Em**   **C**   **G5**
And accept it that soon you'll be drenched to the bone.

                Am   **D**
If your time to you is worth savin'

                       Cadd9   **G/B**   **D/A**
Then you better start swimmin' or you'll sink like a stone,

          G5   **C** **G5**
For the times they are a-changin'.

Link 1

| **G5** | **Em C** | **G5** | **G5** ‖
(in'.)

Verse 2

     G5   **Em**   **C**   **G5**
Come writers and critics who prophesize with your pen
               Em   **C**   **D**
And keep your eyes wide the chance won't come again,
     G5   **Em**   **C**   **G5**
And don't speak too soon for the wheel's still in spin
                 Am   **D**
And there's no tellin' who that it's namin'.
        Cadd9   **G/B**   **D/A**
For the loser now will be later to win
     G5   **C**   **D**   **G5**
For the times they are a-changin'.

Link 2

| G5 Em | C G5 | G5 D | Cadd9 G/B | D/A | D/A ‖
(in'.)

Verse 3

     G5   **Em**   **C**   **G5**
Come senators, congressmen, please heed the call
             Em   **C**   **D**
Don't stand in the doorway, don't block up the hall,
    G5   **Em**   **C**   **G5**
For he that gets hurt will be he who has stalled.
        Am   **D**
There's a battle outside ragin'
         Cadd9   **G/B**   **D/A**
Will soon shake your windows and rattle your walls,
     G5   **C**   **D**   **G5**
For the times they are a-changin'.

Link 3

| G5 | D Cadd9 | D G5 ‖
(in')

Verse 4

       G5   **Em**   **C**   **G5**
Come mothers and fathers throughout the land

           Em   **C**   **D**
And don't criticize what you can't understand.

       G5   **Em**   **C**   **G5**
Your sons and your daughters are beyond your command,

          Am   **D**
Your old road is rapidly agin'.

               Cadd9   **G/B**   **D/A**
Please get out of the new one if you can't lend your hand

       G5   **D** **G5**
For the times they are a-changin'.

Link 4 | **G5** | **Em C** | **G5** | **D Cadd9** |
           (in'.)

          | **G/B D/A** | **D/A G5** | **C D** | **G5** | **G5** ||

Verse 5

           Em   **C**   **G5**
The line it is drawn, the curse it is cast

           Em   **C**   **D**
The slow one now will later be fast

       G5   **Em**   **C**   **G5**
As the present now will later be past

          Am   **D**
The order is rapidly fadin'.

             Cadd9 **G/B**   **D/A**
And the first one now will later be last

       G5   **Em**   **D**   **G5**
For the times they are a-changin'.

Coda | **G5** | **Em C** | **G5** | **Em C** ||
         (in'.)

Tonight, Tonight

Words & Music by Billy Corgan

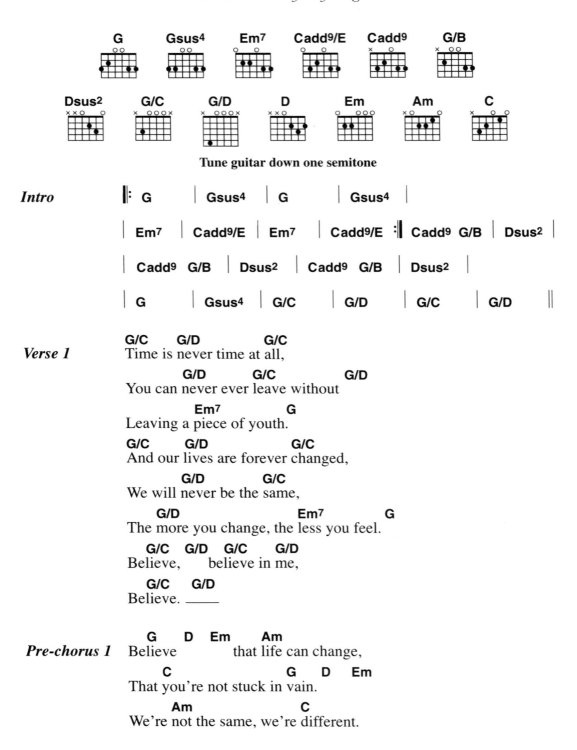

Tune guitar down one semitone

Intro

‖: G | Gsus⁴ | G | Gsus⁴ |

| Em⁷ | Cadd⁹/E Em⁷ | Cadd⁹/E :‖ Cadd⁹ G/B | Dsus² |

| Cadd⁹ G/B | Dsus² | Cadd⁹ G/B | Dsus² |

| G | Gsus⁴ | G/C | G/D | G/C | G/D ‖

Verse 1

　　　G/C　　G/D　　　　G/C
Time is never time at all,

　　　　　　G/D　　G/C　　　　G/D
You can never ever leave without

　　　　　Em⁷　　　　G
Leaving a piece of youth.

G/C　　G/D　　　　　G/C
And our lives are forever changed,

　　　　G/D　　　　G/C
We will never be the same,

　　　G/D　　　　　　　Em⁷　　　　G
The more you change, the less you feel.

　　　G/C　G/D　G/C　　G/D
Believe, 　　believe in me,

　　　G/C　　G/D
Believe. ⎯⎯⎯

Pre-chorus 1

　　　　G　　D　Em　　Am
Believe 　　　　that life can change,

　　　　　　C　　　　　　G　D　Em
That you're not stuck in vain.

　　　　Am　　　　　　C
We're not the same, we're different.

Chorus 1

         Cadd⁹ G/B Dsus²   Cadd⁹ G/B Dsus²
To - ni - - - - - - - - - - - - i - - - - ight,

         Cadd⁹ G/B Dsus²
Tonight,

      Em   Am
Tonight so bright,

         Cadd⁹ G/B Dsus²   Cadd⁹ G/B Dsus²
To - ni - - - - - - - - - - - - i - - - - ight,

To - (night.)

Link

| **G** | **Gsus⁴** | **G** | **Gsus⁴** |
- night.
| **Em⁷** | **Em⁷aug** | **Em⁷** | **Em⁷aug** ||

Verse 2

G   **Gsus⁴**   **G**
Though you know you're never sure

        Gsus⁴   **Em⁷**
But you're sure you could be right,

    Em⁷aug   **Em⁷**   **Em⁷aug**
If you held yourself up to the light.

G   **Gsus⁴**   **G**
And the embers never fade,

      Gsus⁴   **Em⁷**
In your city by the lake

    Em⁷aug   **Em⁷**   **Em⁷aug**
The place where you were born.

Pre-chorus 2

     G/C   G/D G/C   G/D
Believe,   believe in me,

     G/C   G/D
Believe, ____

    G   **D** **Em** **Am**   **C**   **G**   **D** **Em**
Believe   in the resolute, the urgency of now,

     Am
And if you believe,

      C
There's not a chance.

Chorus 2

       Cadd⁹ G/B Dsus²   Cadd⁹ G/B Dsus²
To - ni - - - - - - - - - - - - - i - - - - - ight,

       Cadd⁹ G/B Dsus²
To - ni - - - - - - - - - - - ght,

 Em   **Am**
Tonight so bright,

       Cadd⁹ G/B Dsus²
To - ni - - - - - - - - - - - ght,

 G   **D** **Em**
Tonight.

Coda

    Am   **C**   **G**   **D** **Em**
We'll crucify the insincere tonight, (to - night)

    Am   **C**   **G**   **D** **Em**
We'll make things right, we'll feel it all tonight, (to - night)

    Am   **C**   **G**   **D** **Em**
We'll find a way to offer up the night, (to - night)

     Am   **C**   **G**   **D** **Em**
The indescribable moments of your life, (to - night)

    Am   **C**   **G**   **D** **Em**
The impossible is possible tonight, (to - night)

                C
Believe in me as I believe in you.

 G/C   **G/D**
Tonight,

 G/C   **G/D**
Tonight, tonight,

 G/C   **G/D**
Tonight,

 G   **D**   **Em**
Tonight.

Waiting In Vain

Words & Music by Bob Marley

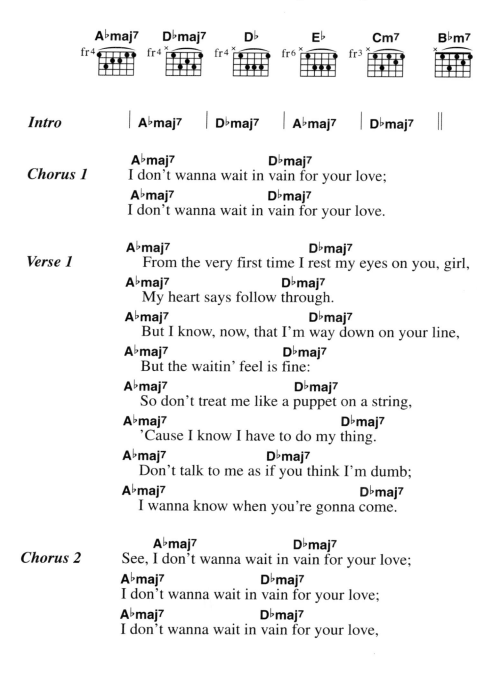

Intro | A♭maj⁷ | D♭maj⁷ | A♭maj⁷ | D♭maj⁷ ||

Chorus 1

A♭maj⁷   D♭maj⁷
I don't wanna wait in vain for your love;
A♭maj⁷   D♭maj⁷
I don't wanna wait in vain for your love.

Verse 1

A♭maj⁷   D♭maj⁷
From the very first time I rest my eyes on you, girl,
A♭maj⁷   D♭maj⁷
My heart says follow through.
A♭maj⁷   D♭maj⁷
But I know, now, that I'm way down on your line,
A♭maj⁷   D♭maj⁷
But the waitin' feel is fine:
A♭maj⁷   D♭maj⁷
So don't treat me like a puppet on a string,
A♭maj⁷   D♭maj⁷
'Cause I know I have to do my thing.
A♭maj⁷   D♭maj⁷
Don't talk to me as if you think I'm dumb;
A♭maj⁷   D♭maj⁷
I wanna know when you're gonna come.

Chorus 2

A♭maj⁷   D♭maj⁷
See, I don't wanna wait in vain for your love;
A♭maj⁷   D♭maj⁷
I don't wanna wait in vain for your love;
A♭maj⁷   D♭maj⁷
I don't wanna wait in vain for your love,

Bridge

       D♭   E♭
'Cause if summer is here,
Cm7   B♭m7
I'm still waiting there;
D♭   E♭
   Winter is here,
    Cm7   B♭m7
And I'm still waiting there.

Solo

| A♭maj7 | D♭maj7 | A♭maj7 | D♭maj7 | |

| A♭maj7 | D♭maj7 | A♭maj7 | D♭maj7 | ||

Like I said:

Verse 2

A♭maj7   D♭maj7
   It's been three years since I'm knockin' on your door,
A♭maj7   D♭maj7
   And I still can knock some more:
A♭maj7   D♭maj7
Ooh girl, ooh girl, is it feasible? I wanna know now,
A♭maj7   D♭maj7
   For I to knock some more.
       A♭maj7   D♭maj7
Ya see,   in life I know   there's lots of grief,
A♭maj7   D♭maj7
   But your love is my relief:
A♭maj7   D♭maj7
Tears in my eyes burn, tears in my eyes burn
       A♭maj7   D♭maj7
While I'm waiting, while I'm waiting for my turn,

See!

Chorus 3

‖: A♭maj7   D♭maj7
  I don't wanna wait in vain for your love;
A♭maj7   D♭maj7
I don't wanna wait in vain for your love, oh! :‖ *Play 4 times*

Coda

‖: A♭maj7
  I don't wanna, I don't wanna, I don't wanna, I don't wanna,
D♭maj7
I don't wanna wait in vain. :‖ *Play 4 times*

‖:   A♭maj7
  It's your love that I'm waiting on,
        D♭maj7
It's my love that you're running from. :‖ *Repeat to fade*

What A Beautiful Day

Words & Music by Jonathan Sevink, Charles Heather,
Simon Friend, Jeremy Cunningham & Mark Chadwick

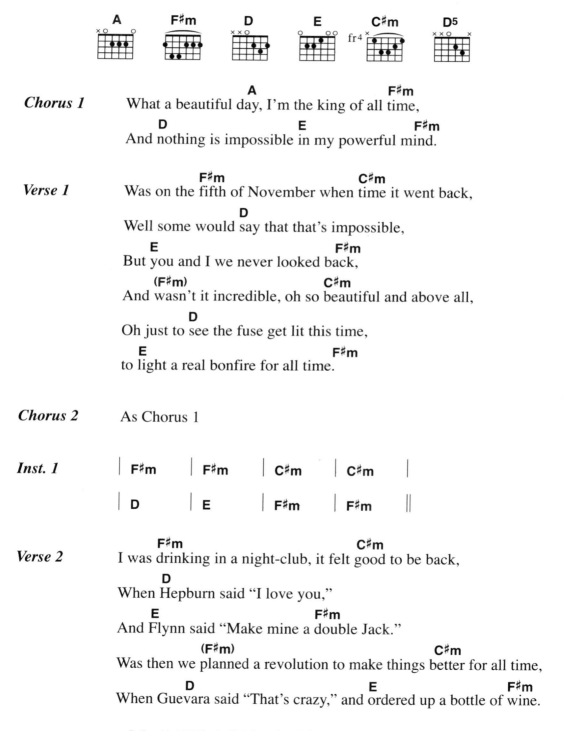

Chorus 1

                   A   **F♯m**
What a beautiful day, I'm the king of all time,
    D   **E**   **F♯m**
And nothing is impossible in my powerful mind.

Verse 1

           F♯m   **C♯m**
Was on the fifth of November when time it went back,
         D
Well some would say that that's impossible,
  E   **F♯m**
But you and I we never looked back,
 (F♯m)   **C♯m**
And wasn't it incredible, oh so beautiful and above all,
    D
Oh just to see the fuse get lit this time,
 E   **F♯m**
to light a real bonfire for all time.

Chorus 2   As Chorus 1

Inst. 1

| F♯m | F♯m | C♯m | C♯m | |
| D | E | F♯m | F♯m | |

Verse 2

        F♯m   **C♯m**
I was drinking in a night-club, it felt good to be back,
   D
When Hepburn said "I love you,"
   E   **F♯m**
And Flynn said "Make mine a double Jack."
    (F♯m)   **C♯m**
Was then we planned a revolution to make things better for all time,
    D   **E**   **F♯m**
When Guevara said "That's crazy," and ordered up a bottle of wine.

Chorus 3	As Chorus 1

Chorus 4	As Chorus 1

Verse 3

    F♯m   **C♯m**
In there on the big screen, every night I've seen
          D   **E**   **F♯m**
The way all things could be ____
          C♯m   **D**   **E**   **F♯m** | **D5**
Oh for me, ____ oh for me, ____ for me, ____ for me.

Inst. 2

| **A** | **A** | **F♯m** | **F♯m** | |
| **D** | **E** | **F♯m** | **F♯m** | ‖ |

Verse 4

    F♯m
The news broke after midnight,
     C♯m
And we pulled the temples down without a sound,
    D
But the generals were hiding out,
    E   **F♯m**
The ministers, well… they'd all gone to ground.
(F♯m)   **C♯m**
Wealth redistribution became the new solution,
    D   **E**   **F♯m**
So I got a paper bag, and you got the one with all the holes.

Chorus 5	As Chorus 1

Chorus 6	As Chorus 1

Outro

(F♯m)   **D**   **E**   **F♯m**
Oh yeah and nothing is impossible in my all powerful mind,
          D   **E**   **F♯m**
That's because nothing is impossible in my powerful mind.

Torn

Words & Music by Anne Preven, Scott Cutler & Phil Thornalley

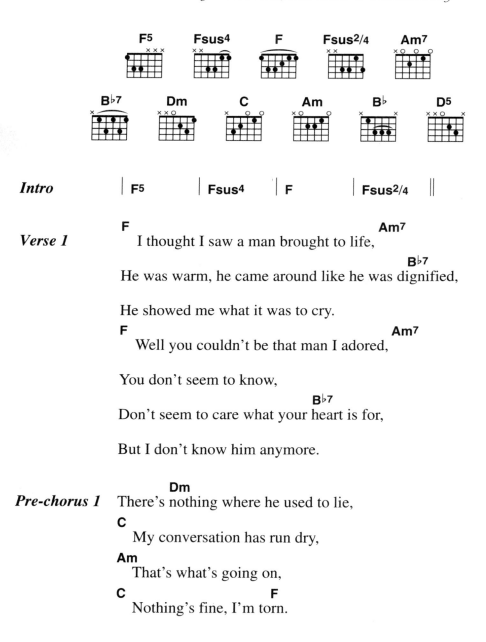

F5	Fsus4	F	Fsus2/4	Am7

B♭7	Dm	C	Am	B♭	D5

Intro | F5 | Fsus4 | F | Fsus2/4 ‖

Verse 1
        F   **Am7**
I thought I saw a man brought to life,

                                               B♭7
He was warm, he came around like he was dignified,

He showed me what it was to cry.
F   **Am7**
   Well you couldn't be that man I adored,

You don't seem to know,
                   B♭7
Don't seem to care what your heart is for,

But I don't know him anymore.

Pre-chorus 1
         Dm
There's nothing where he used to lie,
C
   My conversation has run dry,
Am
   That's what's going on,
C   **F**
   Nothing's fine, I'm torn.

Chorus 1

           C
I'm all out of faith,
           Dm
This is how I feel,
              B♭
I'm cold and I am shamed
                F
Lying naked on the floor.
              C   Dm
Illusion never changed into something real,
            B♭   F
Wide awake and I _ can see the perfect sky is torn,
            C
You're a little late,
           Dm
I'm already torn.

Verse 2

        F   Am⁷
  So I guess the fortune teller's right.

I should have seen just what was there
            B♭⁷
And not some holy light,

But you crawled beneath my veins.

Pre-chorus 2

           Dm
And now I don't care, I had no luck,
C
  I don't miss it all that much,
Am
  There's just so many things
C   F
  That I can search, I'm torn.

Chorus 2   As Chorus 1

Dm   B♭
Torn
D⁵   F   C
Oo, oo, oo. _____

Pre-chorus 3
              Dm
There's nothing where he used to lie,

   C
    My inspiration has run dry,

Am
   That's what's going on,

C   **F**
   Nothing's right, I'm torn.

Chorus 3
              C
I'm all out of faith,

        Dm
This is how I feel,

            B♭
I'm cold and I am shamed,

         F
Lying naked on the floor.

        C   **Dm**
Illusion never changed into something real,

     B♭   **F**
Wide awake and I _ can see the perfect sky is torn.

Chorus 4
              C
I'm all out of faith,

        Dm
This is how I feel,

           B♭
I'm cold and I'm ashamed,

          F
Bound and broken on the floor.

       C
You're a little late,

        Dm **B♭**
I'm already torn…

Dm   **C**
Torn…

Repeat Chorus ad lib. to fade

168

What Can I Do

Words & Music by Andrea Corr, Caroline Corr, Sharon Corr & Jim Corr

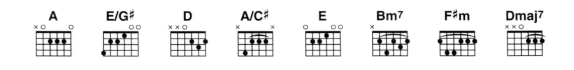

Intro

    A   **E/G♯**
Do do do do   do do do do

D
Do do do   do do do,

A/C♯   **E**
Do do do do   do do do do

Bm⁷
Do do do   do do do.

Verse 1

   A   **E/G♯**   **D**
I haven't slept at all in days

A/C♯   **E**   **Bm⁷**
It's been so long since we've talked

 A   **E/G♯**   **D**
And I have been here many ti____ mes

A/C♯   **E**   **Bm⁷**
I just don't know what I'm doing wrong.

Chorus 1

   A   **E/G♯**   **D**
What can I do to make you love me?

A/C♯   **E**   **Bm⁷**
What can I do to make you care?

 A   **E/G♯**   **D**
What can I say to make you feel this?

A/C♯   **E**   **Bm⁷**
What can I do to get you there?

Verse 2

```
     A          E/G♯         D
There's only so much I can take
     A/C♯      E          Bm7
And I just got to let it go,
     A          E/G♯           D
And who knows I might feel better, yea - - eah
     A/C♯      E          Bm7
If I don't try and I don't hope.
```

Chorus 2   As Chorus 1

Bridge

```
     F♯m                          Dmaj7   E   Dmaj7   E
No more waiting, no more aching_____
     F♯m                          Dmaj7   E   Dmaj7   E
No more fighting, no more trying_____
```

Verse 3

```
     A                        D
Maybe there's nothing more to say
     A       E          Bm7
And in a funny way I'm caught
     A       E      D
Because the power is not mine
     A       E        Bm7
I'm just gonna let it fly.
```

170

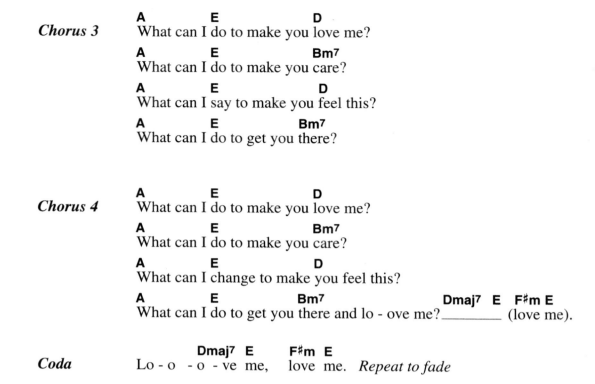

Chorus 3

   A   E   D
What can I do to make you love me?

   A   E   Bm7
What can I do to make you care?

   A   E   D
What can I say to make you feel this?

   A   E   Bm7
What can I do to get you there?

Chorus 4

   A   E   D
What can I do to make you love me?

   A   E   Bm7
What can I do to make you care?

   A   E   D
What can I change to make you feel this?

   A   E   Bm7   Dmaj7 E F♯m E
What can I do to get you there and lo - ove me?_____ (love me).

Coda

               Dmaj7 E   F♯m E
Lo - o - o - ve me,   love me. *Repeat to fade*

Whatever

Words & Music by Noel Gallagher & Neil Innes

G   G/F♯   Em7   Dsus4   Cadd9

A7sus4   D   B   F♯   E   A

Intro

‖: G   G/F♯ | Em7   Dsus4 | Cadd9   Dsus4 | G   Dsus4 :‖

Chorus 1

    G   G/F♯   Em7   Dsus4
I'm free____ to be whatever I,
    Cadd9   Dsus4   G   Dsus4
Whatever I choose and I'll sing the blues if I want.____
    G   G/F♯   Em7   Dsus4
I'm free____ to say whatever I,____
    Cadd9   Dsus4   G   Dsus4
Whatever I like if it's wrong or right it's alright. ____

Verse 1

    Em7   A7sus4
It always seems to me
    Cadd9   G   G/F♯
You only see what people want you to see.
    Em7   A7sus4
How long's it gonna be
    Cadd9
Before we get on the bus and cause no fuss?
    D
Get a grip on yourself, it don't cost much.

Chorus 2

    G   G/F♯   Em7   Dsus4
Free____ to be whatever you,
    Cadd9   Dsus4   G   Dsus4
Whatever you say, if it comes my way it's alright. ____
    G   G/F♯   Em7   Dsus4
You're free____ to be wherever you,
    Cadd9   Dsus4   G   Dsus4
Wherever you please you can 'chew the breeze' if you want.

Verse 2

        Em   **A⁷sus⁴**
It always seems to me

        Cadd⁹   **G**   **G/F♯**
You only see what people want you to see.

    Em⁷   **A⁷sus⁴**
How long's it gonna be

             Cadd⁹
Before we get on the bus and cause no fuss?

           D
Get a grip on yourself, it don't cost much.

Chorus 3

       G   **G/F♯**   **Em⁷**   **Dsus⁴**
I'm free ____ to be whatever I,

        Cadd⁹   **Dsus⁴**   **G**   **Dsus⁴**
Whatever I choose and I'll sing the blues if I want. ____

Link 1 | **G**   **G/F♯** | **Em⁷ Dsus⁴** | **Cadd⁹ Dsus⁴** | **G**   **Dsus⁴** ‖

Bridge

    B   **G**   **B**   **G**
Here in my mind   you know you might find

    B   **G**   **B**   **F♯**
Something that's you, you thought you once knew

                      E   **G**   **A E**
But now it's all gone and you know it's no fun,

       G   **A E**   **G**   **A E**
You know it's no fun, oh I know it's no fun.

Link 2 | **G**   **G/F♯** | **Em⁷ Dsus⁴** | **Cadd⁹ Dsus⁴** | **G**   **Dsus⁴** ‖

Chorus 4

       G   **G/F♯**   **Em⁷**   **Dsus⁴**
I'm free ____ to be whatever I,

        Cadd⁹   **Dsus⁴**   **G**   **Dsus⁴**
Whatever I choose and I'll sing the blues if I want. ____

    G   **G/F♯**   **Em⁷**   **Dsus⁴**
Free ____ to say whatever I,

        Cadd⁹   **Dsus⁴**   **G**   **Dsus⁴**
Whatever I choose and I'll sing the blues if I want. ____

Coda

      ‖: **G**   **G/F♯**   **Em⁷**   **Dsus⁴**   **Cadd⁹**
Whatever you do, whatever you say,

        Dsus⁴   **G**   **Dsus⁴**
Yeah I know it's alright.   :‖

The Wild Ones

Words & Music by Brett Anderson & Bernard Butler

E   A   Aadd2   Amaj9   F#m   B   C#m   F#7/11   Amaj7

Tune guitar down one semitone

Intro

| E | E | A Aadd2 | Amaj9 |

| F#m | A | E | E ||

Verse 1

                             Aadd2
There's a song playing on the radio,
F#m   **Aadd2**   **E**
Sky high in the airwaves on the morning show.
                              Aadd2
And there's a lifeline slipping as the record plays,
               F#m
As I open the blinds in my mind
     Amaj9   **E**
I'm believing that you could stay.

Chorus 1

         A   **E** **B**
And oh, if you stay,
                 A   **E**   **B**
Well, I'll chase the rain-blown fields away,
                 A   **E** **B**
We'll shine like the morning and sin in the sun,
        C#m
Oh, if you stay,
F#7/11   **A**   **Amaj9**
  We'll be the wild ones,
                E
Running with the dogs today.

Verse 2

                             Aadd²
There's a song playing through another wall,

     F♯m   **Aadd²**
All we see and believe is the D.J.

              E
And the debts dissolve.

                                    Aadd²
And it's a shame the plane is leaving on this sunny day,

     F♯m   **Aadd²**
'Cos on you my tattoo will be bleeding

                E
And the name will stain.

Chorus 2

       A   **E**   **B**
And oh, if you stay,

                A   **E** **B**
We'll ride from disguised suburban graves,

              A
We'll go from the bungalows

   E **B**   **C♯m**   **F♯7/11**
Where the debts still grow each day.

Chorus 3

       A   **E**   **B**
And oh, if you stay,

                A   **E** **B**
Well, I'll chase the rain-blown fears away,

               A   **E** **B**
We'll shine like the morning and sin in the sun,

      C♯m
Oh, if you stay,

F♯7/11   **A**
  We'll be the wild ones,

                    E
Running with the dogs today.

B   **Amaj⁷**
  We'll be the wild ones,

                    E
Running with the dogs today.

Outro

‖: **A**   **E** **B**
Oh, if you stay,

A   **E**   **B**
Oh,＿＿ if you stay,

A   **E**   **B**   **C♯m** **F♯7/11**
Oh,＿＿ if you stay.   :‖   *Repeat to fade*

Wild Wood

Words & Music by Paul Weller

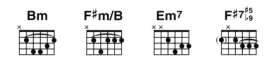

Intro

| Bm | Bm | F♯m/B | F♯m/B | |
| Em7 | F♯7♯5♭9 | Bm | Bm | ‖ |

Verse 1

Bm   F♯m/B
High tide, mid-afternoon,
Em7   F♯7♯5♭9   Bm
People fly by in the traffic's boom.
                    F♯m/B
Knowing just where you're blowing,
Em7   F♯7♯5♭9   Bm
Getting to where you should be going.

Verse 2

                  F♯m/B
Don't let them get you down,
Em7   F♯7♯5♭9 Bm
Making you feel   guilty about
                  F♯m/B
Golden rain will bring you riches,
Em7   F♯7♯5♭9 Bm
All the good things   you deserve now.

Solo

| Bm | Bm | F♯m/B | F♯m/B | |
| Em7 | F♯7♯5♭9 | Bm | Bm | ‖ |

Verse 3

Bm   F♯m/B
Climbing, forever trying,
Em7   F♯7♯5♭9 Bm
Find your way out of the wild, wild wood.
          F♯m/B
Now there's no justice,
        Em7   F♯7♯5♭9   Bm
You've only yourself that you can trust in.

Verse 4

Bm   F♯m/B
And I said, high tide mid-afternoon,

      Em⁷   F♯7$^{#5}_{♭9}$ Bm
Woah, people fly by in the traffic's boom.

                    F♯m/B
Knowing just where you're blowing,

Em⁷   F♯7$^{#5}_{♭9}$ Bm
Getting to where you should be going.

Solo

| Bm | Bm | F♯m/B | F♯m/B |
| Em⁷ | F♯7$^{#5}_{♭9}$ | Bm | Bm ‖

Verse 5

Bm   F♯m/B
Day by day your world fades away,

Em⁷   F♯7$^{#5}_{♭9}$ Bm
Waiting to feel all the dreams that say

                  F♯m/B
Golden rain will bring you riches,

Em⁷   F♯7$^{#5}_{♭9}$ Bm
All the good things   you deserve now, and I say,

Verse 6

            F♯m/B
Climbing, forever trying

        Em⁷   F♯7$^{#5}_{♭9}$ Bm
You're gonna find your way out of the wild, wild wood.

          Em⁷   F♯7$^{#5}_{♭9}$
I said you're gonna find your way out

    Bm
Of the wild, wild wood.

Why Does It Always Rain On Me?

Words & Music by Fran Healy

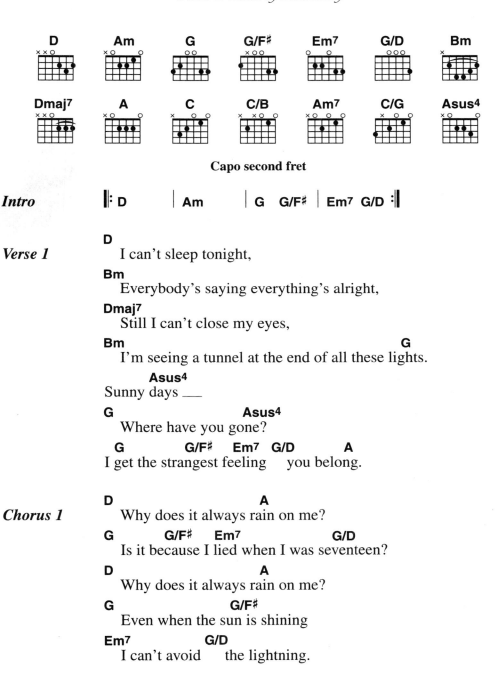

Capo second fret

Intro ‖: D | Am | G G/F♯ | Em⁷ G/D :‖

Verse 1

D
I can't sleep tonight,
Bm
Everybody's saying everything's alright,
Dmaj7
Still I can't close my eyes,
Bm   **G**
I'm seeing a tunnel at the end of all these lights.
          Asus4
Sunny days ___
G   **Asus4**
Where have you gone?
  G   **G/F♯** **Em⁷** **G/D**   **A**
I get the strangest feeling   you belong.

Chorus 1

D   **A**
Why does it always rain on me?
G   **G/F♯** **Em⁷**   **G/D**
Is it because I lied when I was seventeen?
D   **A**
Why does it always rain on me?
G   **G/F♯**
Even when the sun is shining
Em⁷   **G/D**
I can't avoid   the lightning.

178

Verse 2

D
I can't stand myself,

Bm
I'm being held up by invisible men.

Dmaj7
Still life on a shelf when

Bm
I got my mind on something else.

G   Asus4
Sunny days ___

      G   Asus4
Oh ___ here have you gone?

  G   G/F♯ Em7 G/D   A
I get the strangest feeling   you belong.

Chorus 2

D   A
Why does it always rain on me?

G   G/F♯ Em7   G/D
Is it because I lied when I was seventeen?

D   A
Why does it always rain on me?

G   G/F♯
Even when the sun is shining

Em7   G/D
I can't avoid   the lightning.

Middle 1

Bm   D   Bm
Oh, where did the blue skies go? __ Oh,

                    D   C C/B Am7
And why is it raining so?__Oh,

   C/G Asus4 A
It's so cold.

Verse 3

D
I can't sleep tonight,

Bm
Everybody's saying everything is alright,

Dmaj7
Still I can't close my eyes,

Bm   G
I'm seeing a tunnel at the end of all these lights.

         Asus4
Sunny days ___

      G   Asus4
Oh ___ where have you gone?

  G   G/F♯ Em7 G/D   A
I get the strangest feeling   you belong.

Chorus 3

D   A
Why does it always rain on me?

G   G/F♯ Em⁷   G/D
Is it because I lied when I was seventeen?

D   A
Why does it always rain on me?

G   G/F♯
Even when the sun is shining

Em⁷   G/D
I can't avoid the lightning.

Middle 2

Bm   D   Bm
Oh, where did the blue sky go? ＿ Oh,

         D   C C/B Am⁷
And why is it raining so? ＿ Oh,

  C/G Asus⁴ A
It's so cold.

Chorus 4

D   A
Why does it always rain on me?

G   G/F♯ Em⁷   G/D
Is it because I lied when I was seventeen?

D   A
Why does it always rain on me?

G   G/F♯
Even when the sun is shining

Em⁷   G/D
I can't avoid the lightning.

D   Am   G   G/F♯ Em⁷ G/D
Why does it always rain on _____ me? _____

D   Am   G G/F♯ Em⁷ G/D D
Why does it always rain on, _____ oh, on.

Wonderwall

Words & Music by Noel Gallagher

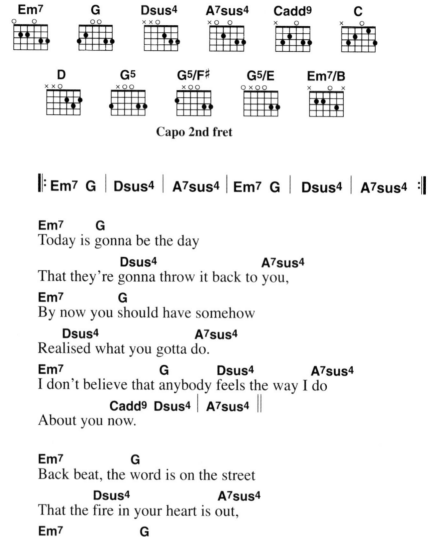

Capo 2nd fret

Intro
$\|:$ Em7 G $\mid$ Dsus4 $\mid$ A7sus4 $\mid$ Em7 G $\mid$ Dsus4 $\mid$ A7sus4 $:\|$

Verse 1

Em7   G
Today is gonna be the day

        Dsus4   A7sus4
That they're gonna throw it back to you,

Em7   G
By now you should have somehow

   Dsus4   A7sus4
Realised what you gotta do.

Em7   G   Dsus4   A7sus4
I don't believe that anybody feels the way I do

            Cadd9 Dsus4 $\mid$ A7sus4 $\|$
About you now.

Verse 2

Em7   G
Back beat, the word is on the street

     Dsus4   A7sus4
That the fire in your heart is out,

Em7   G
I'm sure you've heard it all before,

    Dsus4   A7sus4
But you never really had a doubt.

Em7   G   Dsus4   A7sus4
I don't believe that anybody feels the way I do

         Em7 G $\mid$ Dsus4 A7sus4 $\|$
About you now.

Bridge 1

     C   D   Em
And all the roads we have to walk are winding,

     C   D   Em
And all the lights that lead us there are blinding,

C   D   G5   G5/F♯ G5/E
There are many things that I would like to say to you

      G5   A7sus4
But I don't know how.

Chorus 1

           Cadd9   Em7 | G
Because maybe,

      Em7   Cadd9   Em7 G
You're gonna be the one that saves me,

      Em7 Cadd9 Em7 | G
And after all,

          Em7   Cadd9 Em7 | G Em7/B | N.C. A7sus4 ‖
You're my wonderwall.

Verse 3

Em7   G
Today was gonna be the day,

      Dsus4   A7sus4
But they'll never throw it back at you,

Em7   G
By now you should have somehow

    Dsus4   A7sus4
Realised what you're not to do.

Em7   G   Dsus4   A7sus4
I don't believe that anybody feels the way I do

     Em7 G | Dsus4 A7sus4 ‖
About you now.

Bridge 2

     C   D   Em
And all the roads that lead you there were winding,

     C   D   Em
And all the lights that light the way are blinding,

C   D   G5   G5/F♯ G5/E
There are many things that I would like to say to you

      G5   A7sus4
But I don't know how.

Chorus 2

Cadd9   Em7 | G
I said maybe

     Em7   Cadd9   Em7 | G
You're gonna be the one that saves me

    Em7 Cadd9 Em7 | G
And after all

        Em7   Cadd9 Em7 | G Em7 ‖
You're my wonderwall.

Chorus 3   As Chorus 2

Outro

Cadd9   Em7 | G
I said maybe

     Em7   Cadd9 Em7 | G
You're gonna be the one that saves me,

     Em7   Cadd9 Em7 | G
You're gonna be the one that saves me,

     Em7   Cadd9 Em7 | G Em7 ‖
You're gonna be the one that saves me.

Instrumental ‖: Cadd9 Em7 | G Em7 | Cadd9 Em7 | G Em7 :‖

Yesterday

Words & Music by John Lennon & Paul McCartney

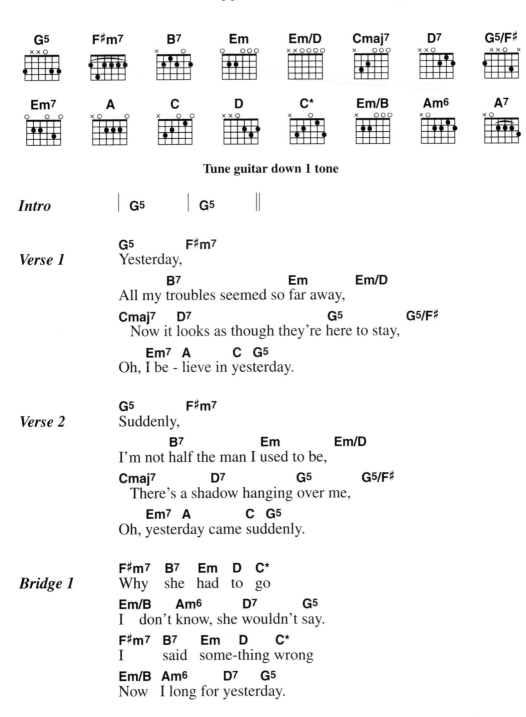

Tune guitar down 1 tone

Intro | G5 | G5   ‖

Verse 1
        G5   **F#m7**
Yesterday,
          B7   **Em**   **Em/D**
All my troubles seemed so far away,
Cmaj7   **D7**   **G5**   **G5/F#**
  Now it looks as though they're here to stay,
      Em7 **A**   **C** **G5**
Oh, I be - lieve in yesterday.

Verse 2
        G5   **F#m7**
Suddenly,
          B7   **Em**   **Em/D**
I'm not half the man I used to be,
Cmaj7   **D7**   **G5**   **G5/F#**
  There's a shadow hanging over me,
      Em7 **A**   **C** **G5**
Oh, yesterday came suddenly.

Bridge 1
F#m7 **B7** **Em** **D** **C***
Why   she had to go
Em/B **Am6**   **D7**   **G5**
I   don't know, she wouldn't say.
F#m7 **B7** **Em** **D** **C***
I   said some-thing wrong
Em/B **Am6**   **D7** **G5**
Now I long for yesterday.

Verse 3

G5   F#m7
Yesterday,

             B7   Em   Em/D
Love was such an easy game to play,

Cmaj7   D7   G5   G5/F#
  Now I need a place to hide away

    Em7 A   C G5
Oh, I be - lieve in yesterday.

Bridge 2

F#m7 B7 Em D C*
Why   she had to go

Em/B   Am6   D7   G5
I   don't know, she wouldn't say.

F#m7 B7   Em D   C*
I   said some-thing wrong

Em/B Am6   D7   G5
Now I long for yesterday.

Verse 4

G5   F#m7
Yesterday,

             B7   Em   Em/D
Love was such an easy game to play,

Cmaj7   D7   G5   G5/F#
  Now I need a place to hide away,

    Em7 A   C G5
Oh, I be - lieve in yesterday,

G A7 C* G5
Mmm. _____

You Do Something To Me

Words & Music by Paul Weller

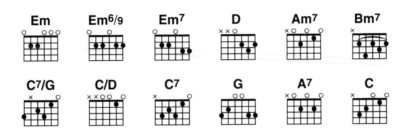

Intro | Em Em⁶ᐟ⁹ Em⁷ | Em Em⁶ᐟ⁹ Em⁷ | Em Em⁶ᐟ⁹ Em⁷ | Em ‖

Verse 1

(Em)   **D**   **Am⁷**
You do something to me,

Bm⁷   **Em**
Something deep inside.

                    D   **Am⁷**
I'm hanging on the wire

        Bm⁷   **Em**
For the love I'll never find.

Verse 2

                   D   **Am⁷**
You do something wonderful

        Bm⁷   **Em**
Then chase it all away.

              D   **Am⁷**
Mixing my emotions,

        Bm⁷   **Em**
That throws me back again.

Chorus 1

                 C⁷/G   **Am⁷**
Hanging on the wire, yeah,

      C/D   **Em**
I'm waiting for the change.

C⁷   **G**
  I'm dancing through the fire

        A⁷   **C**   **C/D** **Em**
Just to catch a flame and feel real again.

Guitar solo   ‖: **D** | **Am7** **Bm7** | **Em** | **Em**   :‖

Chorus 2   As Chorus 1

Verse 3

(Em)   **D**   **Am7**
You do something to me,
Bm7   **Em**
Somewhere deep inside.

              D   **Am7**
I'm hoping to get close to
   Bm7   **Em**
A peace I cannot find.

Chorus 3

               C7/G   **Am7**
Dancing through the fire, yeah,
C/D   **Em**
Just to catch a flame.
C7   **G**
  Just to get close to,
   A7   **C7**   **C/D** **Em**
Just close enough to tell you that:
         D   **Am7**
You do something to me,
Bm7   **Em**   **Em6/9** **Em7**
  Something deep inside.

| **Em** **Em6/9** **Em7** | **Em** **Em6/9** **Em7** | **Em** **Em6/9** **Em7** | **Em**

You're Still The One

Words & Music by Shania Twain & R.J. Lange

D	D/F#	G	A	Em7

Capo first fret

Intro

| D | D/F# | G | A ||

Verse 1

D   D/F#
Looks like we made it,

G   A
Look how far we've come my baby,

D   D/F#
We might have took the long way,

G   A
We knew we'd get there some day.

D   D/F# G   A
They said, I bet they'll never make it,

     D G A
But just look at us holding on.

         D G   A G
We're still together, still going strong.

Chorus 1

D   G
You're still the one I run to,

Em7   A
The one that I belong to.

D   G   A G
You're still the one I want for life.

D   G
You're still the one that I love,

Em7   A
The only one I dream of.

D   G A
You're still the one I kiss goodnight.

Verse 2

D   D/F♯
Ain't nothing better,

G   A
We beat the odds together.

D   D/F♯
I'm glad we didn't listen,

G   A
Look at what we would be missing.

D   D/F♯ G   A
They said, I bet they'll never make it,

         D   G   A
But just look at us holding on.

                 D   G   A
We're still together, still going strong.

Chorus 2

D   G
You're still the one I run to,

Em7   A
The one that I belong to.

D   G   A   G
You're still the one I want for life.

D   G
You're still the one that I love,

Em7   A
The only one I dream of.

D   G   A
You're still the one I kiss goodnight.

You're still the one.

Instrumental ‖: D | G | A | A   :‖

Chorus 3

D   G
You're still the one I run to,

Em7   A
The one that I belong to.

D   G   A   G
You're still the one I want for life.

D   G
You're still the one that I love,

Em7   A
The only one I dream of.

D   G   A
You're still the one I kiss goodnight.

D   D/F♯
I'm so glad we made it,

G   A
Look how far we've come baby.

You've Got To Hide Your Love Away

Words & Music by John Lennon & Paul McCartney

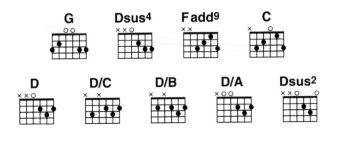

Verse 1

G   Dsus⁴ Fadd⁹ C G
Here I stand, head in hand,

C   Fadd⁹   C
Turn my face to the wall.

G   Dsus⁴ Fadd⁹ C G
If she's gone I can't go on

C   Fadd⁹   C D
Feeling two foot small. _____

Verse 2

G   Dsus⁴ Fadd⁹ C G
Ev'rywhere peo - ple stare,

C   Fadd⁹ C
Each and ev'ry day.

G   Dsus⁴   Fadd⁹ C G
I can see them laugh at me,

C   Fadd⁹ C D D/C D/B D/A
And I hear them say: _____

Chorus 1

G   C   Dsus⁴ D Dsus² D
Hey, you've got to hide your love away. ____

G   C   Dsus⁴ D Dsus² D
Hey, you've got to hide your love away. ____

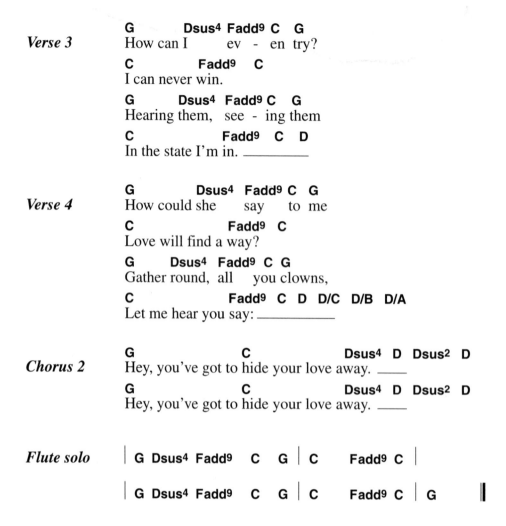

Verse 3

G   Dsus4 Fadd9 C G
How can I   ev - en try?

C   Fadd9 C
I can never win.

G   Dsus4 Fadd9 C G
Hearing them, see - ing them

C   Fadd9 C D
In the state I'm in. _____

Verse 4

G   Dsus4 Fadd9 C G
How could she   say   to me

C   Fadd9 C
Love will find a way?

G   Dsus4 Fadd9 C G
Gather round, all   you clowns,

C   Fadd9 C D D/C D/B D/A
Let me hear you say: _____

Chorus 2

G   C   Dsus4 D Dsus2 D
Hey, you've got to hide your love away. ____

G   C   Dsus4 D Dsus2 D
Hey, you've got to hide your love away. ____

Flute solo

| G Dsus4 Fadd9 C G | C   Fadd9 C |

| G Dsus4 Fadd9 C G | C   Fadd9 C | G   ‖

Relative Tuning

The guitar can be tuned with the aid of pitch pipes or dedicated electronic guitar tuners which are available through your local music dealer. If you do not have a tuning device, you can use relative tuning. Estimate the pitch of the 6th string as near as possible to E or at least a comfortable pitch (not too high, as you might break other strings in tuning up). Then, while checking the various positions on the diagram, place a finger from your left hand on the:

5th fret of the E or 6th string and **tune the open A** (or 5th string) to the note Ⓐ

5th fret of the A or 5th string and **tune the open D** (or 4th string) to the note Ⓓ

5th fret of the D or 4th string and **tune the open G** (or 3rd string) to the note Ⓖ

4th fret of the G or 3rd string and **tune the open B** (or 2nd string) to the note Ⓑ

5th fret of the B or 2nd string and **tune the open E** (or 1st string) to the note Ⓔ

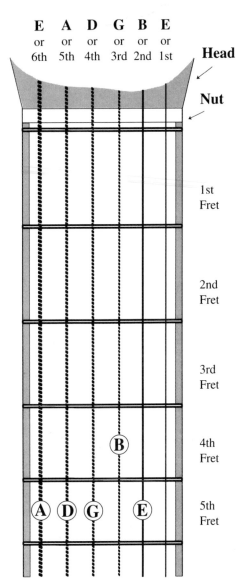

Reading Chord Boxes

Chord boxes are diagrams of the guitar neck viewed head upwards, face on as illustrated. The top horizontal line is the nut, unless a higher fret number is indicated, the others are the frets.

The vertical lines are the strings, starting from E (or 6th) on the left to E (or 1st) on the right.

The black dots indicate where to place your fingers.

Strings marked with an O are played open, not fretted.

Strings marked with an X should not be played.

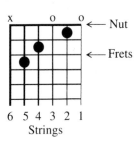